Die schönsten
Abenteuerklassiker
für Erstleser

 Mix
Produktgruppe aus vorbildlich bewirtschafteten Wäldern,
kontrollierten Herkünften und Recyclingholz oder -fasern
Zert.-Nr. SGS-COC-003210   www.fsc.org
© 1996 Forest Stewardship Council

2. Auflage 2010
© Arena Verlag GmbH, Würzburg 2010
Alle Rechte vorbehalten
Einband unter Verwendung von Motiven von Wolfgang Slawski,
Markus Zöller und Ute Thönissen
Gesamtherstellung: Westermann Druck Zwickau GmbH
ISBN 978-3-401-09683-4
***
www.arena-verlag.de

Inhalt

Daniel Defoe
Robinson Crusoe   7

Robert Louis Stevenson
Die Schatzinsel   69

Jonathan Swift
Gullivers Reisen   131

Daniel Defoe

Robinson Crusoe

Neu erzählt
von Wolfgang Knape

Mit farbigen Bildern
von Ute Thönissen

Mein Weg in die Sklaverei

Ich wurde im Jahr 1632 in York geboren und stamme aus einer angesehenen Familie. Mein Vater war ein erfolgreicher Kaufmann und kam als junger Mann aus Bremen nach England. Hier hatte er meine Mutter geheiratet; sie hieß Robinson. Mein richtiger Name lautete deshalb Robinson-Kreutzner. Weil man die Kreutzners in England aber Crusoe nannte, heiße auch ich Robinson Crusoe.
Nach dem Willen meines Vaters sollte ich Kaufmann werden und den Reichtum der Familie vermehren. Doch mich reizte das Abenteuer – ich wollte zur See! Mein Vater war sehr unglücklich über mein Vorhaben. Er ermahnte mich oft, meine Familie und meine Heimat nicht zu verlassen.

Immer wieder warnte er mich, dass mir meine Abenteuerlust noch viel Unglück bringen würde. Doch ich ließ mich nicht von ihm beirren. Noch ahnte ich nicht, wie recht mein Vater mit seinen Befürchtungen haben würde.

Eines Tages traf ich im Hafen von Hull einen Freund aus Kindertagen. Er war der Sohn eines Kapitäns und lud mich zu einer Schiffsreise nach London ein. Ohne mich von meinen Eltern zu verabschieden, bestieg ich das Schiff. Anfangs stand der Wind noch günstig, und wir kamen gut voran. Doch dann schlug das Wetter um. Sturm kam auf, und unser Schiff tanzte wie eine Nussschale auf den Wellenbergen.

„Na, ist das was?", schrie mir mein Freund lachend ins Ohr. Doch mir war gar nicht zum Lachen. Ich war seekrank und spuckte gerade mein Frühstück ins Meer.

Der Sturm tobte auch noch am folgenden Tag. Die Wellen wüteten so gewaltig, dass sie ein Leck in unser Schiff rissen. Der Laderaum stand bald bis zur Decke unter Wasser. Wir pumpten und

schöpften. Doch es half nichts. Immer mehr Wasser drang in das Schiff ein, und mit Schrecken stellten wir fest, dass es sinken würde. Der Kapitän und der Bootsmann fielen neben mir auf die Knie und beteten. Da wusste ich: Mein letztes Stündlein hatte geschlagen. Doch plötzlich tauchte ein anderes Schiff in der Nähe auf. Der fremde Kapitän ließ ein Boot auf das Wasser setzen.

Mühselig kämpfte es sich an uns heran. Unter dem Tosen der Wellen und dem Peitschen des Windes gelang es uns gerade noch rechtzeitig, in das rettende Boot zu klettern. Kurz darauf versank unser Schiff in den Fluten.
Als wir im nächsten Hafen eintrafen, erklärte mir mein Freund, er habe genug von der Seefahrt.

Mit der Postkutsche fuhr er zurück nach Hull. Ich aber wollte nach dieser Niederlage nicht gleich reumütig nach Hause zurückkehren und suchte mir ein neues Schiff.

Am Kai lag ein Dreimaster, auf dem noch Platz für mich war. Der Kapitän wollte nach Guinea. Er war ein weit gereister Seefahrer und kluger Handelsmann. Bevor wir in See stachen, empfahl er mir, verschiedene Dinge aus England mitzunehmen, mit denen ich auf den Märkten in Afrika geschickt Handel treiben könnte.

Auf dieser Reise lernte ich viele wertvolle Dinge über die Schifffahrt. Ohne Zwischenfälle kamen wir in Guinea an. Und wie es der Kapitän vorausgesagt hatte, machte ich beim Handeln großen Gewinn! Mit Diamanten, Elfenbein und vielen Kostbarkeiten kehrte ich nach England zurück.

Doch mein Glück währte nur kurz. Nach einigen Wochen packte mich die Abenteuerlust von Neuem! Auch diesmal fand ich ein Schiff, das nach Afrika fuhr.

Zwar wurden wir vor Sturm bewahrt. Doch in der Nähe der Kanarischen Inseln tauchte plötzlich am Horizont ein Piratenschiff auf. Schnell kam es näher. Kaum hatten uns die Seeräuber eingeholt, kam es zu einem erbitterten Kampf. Wir verteidigten uns heldenhaft und kämpften

Mann gegen Mann! Unser Koch riss eine glühende Pfanne vom Herd. Damit teilte er solche Schläge aus, dass die Räuber wie angeschmorte Fliegen zappelnd am Boden lagen. Der Piratenhauptmann schäumte vor Wut und zielte mit der Flinte auf den Pfannenschläger. Wir hatten bereits sechs Männer verloren. Als wir nun auch noch unseren tapferen Koch mit dem Gesicht in der Pfanne liegen sahen, gaben wir auf.
Die wilde Horde nahm unser Schiff in Besitz. Was den Räubern wertvoll erschien, stopften sie in ihre Säcke. Und auch wir waren eine begehrte Beute für sie! Wer zu alt war oder schlechte Zähne hatte, den warfen sie sofort ins Meer. Die Jungen und Kräftigen aber sollten an die Mauren verkauft werden. So wurden die Araber genannt, die hier lebten.
Mich aber nahm der Piratenhauptmann als Beute mit in sein Haus.

So schnell änderte sich mein Schicksal: Vom erfolgreichen Kaufmann und Seefahrer wurde ich zum Sklaven.
Ich arbeitete als Gärtner und lernte dabei sehr viel über das Säen und Pflanzen. Zu dem Zeitpunkt konnte ich noch nicht ahnen, dass dieses Wissen einmal lebensnotwendig für mich werden würde.
Wenn mein Patron zum Fischfang fuhr, nahm er mich in seinem Boot mit. Für einen weißen Sklaven ging es mir recht gut. Dennoch dachte ich ständig an Flucht. Aber der Hafen war gut bewacht. Und der einzige Weg in die Freiheit führte über das Meer.
Ich war schon das zweite Jahr in Gefangenschaft. Eines Tages schickte mich mein Patron alleine zum Fischen auf See.
Zur Bewachung kam ein baumlanger, kahlköpfiger Kerl mit.

An diesem Morgen bissen die Fische nicht an, und ich schlug vor, es weiter draußen zu versuchen. Hier klappte es besser. Der Wächter war zufrieden mit mir. Er steckte seinen Daumen in die Nase und bohrte darin. Dadurch war er abgelenkt, und ich witterte meine Chance!
Ich packte ihn bei den Beinen und warf den überraschten Seemann ins Meer! Doch er hatte Hände wie Ruderblätter und schwamm dem Boot sofort nach. Erst als ich ihn mit der Flinte bedrohte, machte er kehrt.
Er war ein guter Schwimmer. In einer halben Stunde würde er sicher im Hafen sein.
Dann wüssten jedoch alle von meiner Flucht. Der Patron würde toben und mich eigenhändig zurückholen wollen! Er würde mich in Ketten legen und auspeitschen lassen!
Ich musste schneller sein und meinen Vorsprung nutzen. Irgendwo hier draußen kreuzten sich die Schiffsrouten. Vielleicht nähme mich jemand rechtzeitig an Bord.

Der Schiffbruch

Den Knall meiner Flinte hatte man auf dem fremden Segler nicht gehört. Den aufsteigenden Rauch hatte der Kapitän aber noch rechtzeitig gesehen. Er änderte seinen Kurs, und das Schiff kam auf mich zu. Es war ein portugiesisches Fahrzeug, das mich aufnahm. Der Kapitän war auf dem Weg nach Brasilien. Er zeigte großes Verständnis für meine Situation. Als wir in Rio de Janeiro ankamen, kaufte er mir sämtliche Gegenstände ab, die ich nicht benötigte.
Auch für meine Schaluppe zahlte er einen guten Preis. So verfügte ich bei meiner Ankunft bereits über ein hübsches Sümmchen. Davon kaufte ich Land. Ich legte eine Zuckerrohrpflanzung an und befasste mich mit dem Anbau von Tabak. Zu diesem Zeitpunkt war ich 27 Jahre alt.

Ich war erfolgreich
und wurde von
Pflanzern und
Kaufleuten geschätzt.
Doch schon bald trieb
mich wieder die
Abenteuerlust. Ich erinnerte
mich daran, wie viel Glück ich
bei meinen Geschäften in
Nordafrika gehabt hatte, und erzählte auch den
anderen Kaufleuten davon. Gemeinsam rüsteten
wir ein Schiff aus, und am 1. September 1659
stach ich erneut in See. Wir fuhren zunächst an
der brasilianischen Küste entlang nach Norden
und nahmen dann Kurs auf Afrika. Auf halbem
Wege wurden wir von einem Sturm überrascht,
der uns sehr weit nach Westen abtrieb.
Das Unwetter wütete unerbittlich weiter. Am
dritten Tag rief ein Matrose „Land in Sicht!".
Zu unserem Entsetzen zeigte sich eine steile
Felsenküste, an deren Klippen jedes Schiff
zerschellen musste. Doch dazu kam es nicht.

Plötzlich krachte es unter unseren Füßen. Wir saßen auf einer Sandbank fest!
Schnell ließen wir das Rettungsboot aufs Wasser. Wir sprangen hinein und ruderten um unser Leben. Aber eine Sturzwelle brachte das kleine Fahrzeug schon nach wenigen Minuten zum Kentern. Wir wurden herausgeschleudert, herumgewirbelt und vom Wasser immer wieder verschluckt und ausgespuckt. Bald wurde es schwarz um mich herum.
Als ich zu mir kam, lag ich am Strand. Ich rief nach meinen Gefährten. Doch niemand antwortete mir. Beklommen kletterte ich auf einen Felsen. Aber wohin ich auch blickte, nirgendwo entdeckte ich ihre Spur.
Die erste Nacht verbrachte ich aus Angst vor wilden Tieren auf einem hohen Baum. Als ich meine luftige Schlafkammer am Morgen verließ, war das Schiff nicht mehr an seinem Platz. Es lag jetzt eine halbe Meile vom Ufer entfernt auf Kiel!
Von den Gefährten fehlte noch immer jede Spur.

Da begriff ich endlich das Unfassbare: Ich hatte das Unglück als Einziger überlebt! Verzweifelt schlug ich mit meinen Fäusten auf den Boden. Ich war verwirrt. Ich weinte, und ich wünschte mir den Tod.
Die Sonne stieg höher. Sie trocknete meine Tränen und wärmte mich.

In meinem Halsbeutel fand ich einige Tabakblätter. Einige davon steckte ich in den Mund. Das half gegen den Hunger. Allmählich kehrten meine Kräfte zurück. Auch mein Geist begann, sich wieder zu regen.
„Robinson!", sagte ich zu mir. „Was bist du doch für ein Glückskerl! – Deine Gefährten sind ertrunken. Aber du lebst! Es hat dich auf ein menschenleeres Eiland verschlagen. – Aber du hast frisches Wasser, Hände zum Zupacken und zum Denken deinen Kopf! Wach auf, Robinson! Dort draußen liegt ein Schiff! Hol dir, was du zum Leben auf dieser Insel brauchst! Wach endlich auf, und nutze den Tag! Gewiss kommt bald ein anderes Schiff und rettet dich aus deiner Lage. Bis dahin musst du dir selbst helfen!"
Es war gerade Ebbe. Ich zog meine Stiefel und mein Hemd aus. Dann lief ich einige Hundert Schritte hinaus aufs Meer. Das letzte Stück bis zum Schiff musste ich schwimmen. An einem Tauende zog ich mich an Deck.
Doch welches Bild bot sich mir da! Der Rumpf

war geborsten. Das Heck ragte in die Höhe.
Einige Räume standen unter Wasser. Der Bug
des Schiffes berührte das Meer.
Ich füllte meine Taschen in der Vorratskammer
mit Zwieback. Dann suchte ich nach einer Säge
und baute aus losen Schiffsplanken ein Floß.
Anschließend durchforschte ich das gesamte
Schiff. In der Kajüte des Kapitäns fand ich
Flinten und Pistolen. Fässer mit Schießpulver
und Säcke mit Schrot und Blei.
Ich untersuchte die Kisten der Seeleute.
Hier fand ich Rasiermesser, da ein Fernrohr, dort
einen Stapel mit Stoffen, Hosen – und Rum.
Ich brachte alles auf mein Floß. Auch die Fässer
mit Zucker, Zwieback und eingelegtem Kraut.

Als die Flut kam, trieb mich die Strömung in eine kleine Bucht. Von hier schaffte ich meine Schätze an einen sicheren Platz. Aus den Kisten und Fässern baute ich mir eine Burg. In ihrem Schutz verbrachte ich meine zweite Nacht.
Am nächsten Morgen schwamm ich wieder hinaus und baute ein neues Floß. Auch an den folgenden Tagen barg ich alles Brauchbare aus dem Schiff. Aus der Kajüte des Kapitäns nahm ich eine Hängematte mit. Aus der Kiste des Zimmermanns Bohrer, Nägel und ein sehr großes Beil.
Als ich einen Beutel mit Goldmünzen fand, musste ich lachen. Noch vor wenigen Wochen war ich bereit gewesen, für ein solches Säckchen um die halbe Welt zu reisen! Hier aber waren diese Münzen für mich wertlos. Ein Schleifstein war mir wichtiger als drei Kisten voller Gold.
Nachdem ich das Schiff das zwölfte Mal besucht hatte, versank das Wrack im Meer.
Erst jetzt bemerkte ich, wie erschöpft ich war!
Ich hatte unter größten Anstrengungen und

Lebensgefahr alles Brauchbare in meine Kistenburg transportiert. Nun durfte ich mir eine Pause gönnen. Ich fiel in meine Hängematte und schlief sofort ein.

Nach zwei Tagen erwachte ich und fühlte mich wie neugeboren. Ich hängte mir meine Flinte um, nahm die beiden Pistolen, steckte das Fernrohr in den Gürtel und brach zu einer ersten Erkundungstour auf. Aus dem Schiff hatte ich zwar einige Nahrungsmittel geborgen. Doch ich wollte herausfinden, ob ich mich auf der Insel auch ernähren konnte, wenn meine Vorräte aufgebraucht sein würden.

Meine Angst hatte ich noch immer nicht verloren. Ich glaubte zwar nicht, dass es auf dieser Insel Wilde geben könnte, trotzdem war ich auf der Hut und spähte ängstlich hinter jeden Felsen und jeden Baum.

Ich entdeckte ein paar Tiere auf meiner Insel, die ich mit Genuss essen konnte.

Wildkaninchen ließen sich leider nur selten blicken. Von den Vögeln waren einige sehr appetitlich. Andere dagegen schmeckten nach Würmern und Stroh.

Am Strand entdeckte ich zu meiner Freude Schildkröten. Ihre Eier und ihr Fleisch mundeten mir vorzüglich, und die Panzer konnte ich gut als Schüsseln gebrauchen.

Im Laufe der Zeit wurde ich immer mutiger. Eines Tages stieg ich auf eine Anhöhe, von der ich die Insel gut überblicken konnte. Auf meiner Seite war sie felsig und von Buschwerk und Gras bedeckt. Hinter der Bucht aber begann ein dichter Wald.

„Das ist also dein neues Zuhause, Robinson", sagte ich zu mir. „Hier wirst du nun ausharren müssen, bis ein Schiff vorbeikommt, dein Feuer lodern sieht und dich mitnimmt."

Allein auf der Insel

Es waren erst etwa zwei Wochen vergangen. Doch schon konnte ich nur noch mit Mühe die Tage auseinanderhalten und bestimmen, wie lange ich auf der Insel war. Ich errichtete ein Holzkreuz am Ufer.

„HIER LANDETE ICH
AM 30. SEPTEMBER 1659"

Diese Worte ritzte ich in das Querholz ein. Der andere Balken diente mir als Kalender. Jeden Tag brachte ich eine neue Kerbe an. Zu diesem Zeitpunkt konnte ich noch nicht ahnen, wie lange ich an meinem Kalender schnitzen würde.

Meine Wohnung hatte ich an den Fuß eines Hügels verlegt, gleich in der Nähe einer Quelle. Rückseitig war die Anlage an eine Felswand

gebaut, in der sich eine kleine Grotte befand. Davor hatte ich in einem Halbkreis angespitzte Pfähle in den Boden gerammt und zusätzlich mit Taustücken verbunden. Hinter diesem Bollwerk fühlte ich mich sicher.
Ein Segeltuch-Zelt schützte meine Reichtümer vor Sonne und Regen; und unter diesem Dach hatte auch ich mein Quartier.
Nach einiger Zeit kam mir der Gedanke, Vorratskammern für Notzeiten anzulegen.

Dazu musste ich nur den Felsen weiter aushöhlen. Ein Brecheisen ersetzte mir bei dieser Arbeit die Hacke. Eine Schaufel fehlte mir aber sehr. Nach einigem Suchen fand ich einen Baum mit einem sehr harten Holz. Ich benötigte mehrere Tage, um ihn zu fällen. Dann verging noch einmal einige Zeit, bis ich aus dem Stammende ein Schaufelblatt und den Stiel herausgearbeitet hatte.

Der Kellerausbau nahm mich viele Wochen in Anspruch. Ich unterbrach meine Arbeit nur, wenn ich jagen ging.

Eines Tages hatte ich mich etwas weiter von meinem Besitz entfernt und wollte gerade eine Lichtung überqueren. Da stockte mir der Atem. Ich vernahm ein unbekanntes Geräusch. Sofort warf ich mich auf den Boden und hielt mein Gewehr feuerbereit vor der Brust.

Ein durchdringendes Meckern drang an mein Ohr. Es schien von dem alten Baum zu kommen, der in der Mitte der Lichtung stand. Seine unteren Äste bewegten sich so heftig,

als turnte ein Riese daran. Doch niemand war zu sehen. Ich schlich mich heran. Wieder erstarrte ich vor Schreck. Ich sah einen Schatten, der doppelt so lang war wie ich selbst. Er hatte einen behörnten Teufelskopf!
Aber dann erkannte ich den Urheber dieser Aufregung: Ein großer Ziegenbock stand aufrecht am Stamm und labte sich an den saftigen Blättern. Als er mich erblickte, ließ er sich sofort auf seine Beine fallen.

Er schnaufte bösartig, senkte seinen Kopf und raste auf mich los. Ich drückte gerade noch rechtzeitig meine Flinte ab, ohne ihn aber zu verletzen. Der Bock sprang über mich hinweg und schoss in den nahen Wald.

Obwohl mir der Schrecken noch tief in den Gliedern saß, machte mich diese Begegnung froh! Denn wo ein so stattlicher Bock herumläuft, sagte ich mir, sind hübsche Ziegen und schmackhafte Lämmer nicht fern.

Ich hatte mich nicht geirrt! Einige Zeit später entdeckte ich eine kleine Gruppe wilder Ziegen. Ich erlegte eines der Tiere. Und zum ersten Mal, seit ich auf dieser Insel war, roch es an einem Sonntag nach gebratenem Ziegenfleisch!

Meine Mutter hätte aus den Resten gewiss eine vorzügliche Fleischbrühe zubereitet. Doch dazu fehlte mir das entsprechende Gefäß.

Da erinnerte ich mich an einen Töpfer in unserer Nachbarschaft. Ich hatte ihn manchmal in seiner Werkstatt besucht und ihm bei der Arbeit zugesehen. Was ich jetzt brauchte, waren ein

Brennofen und Ton. Ich nahm meine Schaufel, machte mich auf die Suche und fand eine Stelle mit besonders fetter Tonerde.
Ich nahm einige Klumpen an mich und knetete daraus einen geschmeidigen Teig. Dann formte ich eine Schüssel zum Essen, eine Tasse zum Trinken und zum Kochen den Topf. Der sah aus wie ein Nachttopf mit Henkel. Aber ich war stolz auf mein Werk! Schwieriger war für mich der Bau des Brennofens. Doch schließlich gelang mir auch das. Die Schüssel und die Tasse zersprangen mir beim Brennen.

Der Topf aber überstand die Hitze gut. Als er gebrannt war, erlegte ich wieder eine Ziege. Den einen Teil des Fleisches briet ich wie gewohnt über dem offenen Feuer. Aus dem anderen aber bereitete ich in meinem Topf eine Brühe. Die war so köstlich, dass meiner guten Mutter in York vor Rührung die Tränen aus den Augen geschossen wären.

Aus meiner Notlage heraus war ich zum Töpfer geworden. Als Nächstes wünschte ich mir einige Möbel für meine Behausung. Und ich baute mir einen Stuhl und einen Tisch. Der kippelte zwar, aber nachdem ich zwei Steinplatten daruntergelegt hatte, stand er fest. Bald darauf beunruhigte mich schon ein neues Problem. Ich stellte mir vor, dass meine Schwarzpulvervorräte feucht werden oder sich durch eine Unachtsamkeit entzünden könnten. Ich überlegte lange, was zu tun sei. Dann entschloss ich mich, Säckchen aus Segeltuch zu nähen und die Pulvervorräte darin zu verteilen. Auf diese Weise würde bei einem

Unglück immer nur ein Teil des Pulvers verloren gehen.

Eines Tages, kurz nach der Regenzeit, machte ich eine erstaunliche Entdeckung vor meiner Burg: Zwölf kniehoch gewachsene Gerstenhalme bogen sich im Wind. Ich erinnerte mich, dass ich zum Abfüllen des Schießpulvers ja auch einige Leinensäckchen vom Schiff verwendet hatte. Ursprünglich war darin das Futter für unsere Hühner aufbewahrt worden. Ich hatte die Beutel noch einmal ausgeschüttelt. Einige Körnchen mussten dabei wohl ins Erdreich geraten sein. Jetzt wuchs zu meiner großen Freude ein Gerstengärtchen empor! Als die Ähren reif waren, zwickte ich sie mit der Bartschere des Bootsmannes ab. Eine Hälfte der Körner säte ich aus. Die andere behielt ich als Reserve zurück. Nach der nächsten Ernte hatte sich der Anteil des Saatgutes schon beträchtlich vermehrt. Nach fünf Jahren bestellte ich bereits ein Feld, das so groß war wie unser Garten in York.

Ich erntete schon längst nicht mehr mit der Bartschere, sondern schritt mit dem Säbel zur Tat. Um mein Kornfeld gegen wilde Ziegen und Nager zu schützen, hatte ich es ebenfalls mit einem Zaun und einer Hecke umgeben.

Vor gefräßigen Vögeln bewahrte mich das leider nicht. Anfangs schoss ich in die Diebesmeute. Dann fiel mir der Trick eines brasilianischen Bauern ein. Ich zimmerte einen Galgen und hängte drei tote Vögel daran auf. Das sprach sich herum am Vogelhimmel! Niemand belästigte mich mehr.

Meine kleine Landwirtschaft entwickelte sich recht gut. Anfangs wusste ich natürlich nicht, wie ich das Mehl mahlen und säubern sollte. Aber dann fand ich auch dafür einen Weg.

Als ich genügend Mehl besaß, probierte ich es mit dem Brotbacken. Auch davon hatte ich nicht die geringste Ahnung.

Meine ersten Brotlaibe missrieten mir gründlich. Mit dem Zimmermannsbeil musste ich die verbrannte Kruste abschlagen. Ich war verzweifelt und opferte viel kostbares Mehl. Aber am Ende gelang es dann doch! Vor mir lag ein duftendes, rundes Brot!
Als ich mir nach so vielen Jahren das erste Brotstück in den Mund steckte, liefen heiße Tränen über mein Gesicht. Ich dachte an meine ertrunkenen Gefährten und wie schön es doch wäre, wenn wir jetzt gemeinsam hier sitzen könnten.

Wir würden gemeinsam das Brot vom Insel-Bäcker Robinson brechen und schmecken können.
Obwohl ich sehr sparsam mit dem Schießpulver umging, hatten meine Vorräte im Laufe der Jahre merklich abgenommen. So kam mir die Idee, einige Ziegen zu zähmen. Auf diese Weise hätte ich immer Fleisch.
Ich legte also zwei Fallgruben an und streute Gerstenkörner aus. Eines Tages fand ich drei Jungtiere in der einen, einen stinkenden, alten Bock in der anderen Grube. Den Stinker ließ ich laufen, und vor Freude sprang er mich gleich um.

Die Jungtiere, zwei Zicklein und ein Bock, bildeten den Grundstock für meine Herde. Nach drei Jahren besaß ich vierzehn Ziegen. Ich hatte noch nie zuvor eine Kuh oder ein anderes Tier gemolken. Aber auch das lernte ich bald. Und nach vielen fruchtlosen Versuchen gelang es mir sogar, Butter herzustellen, Käse und Quark.
So vergingen die Tage. Die Wochen und Monate. Und wieder ein Jahr. Anfangs hatte ich noch jeden Morgen nach einem Schiff Ausschau gehalten. Das tat ich nun schon lange nicht mehr.

Bisher hatte sich niemand hierher verirrt. Ich würde mein Leben wohl oder übel auf diesem Eiland beschließen müssen.
Inzwischen hatte ich jedoch auch andere Teile der Insel erkundet. Einmal gelangte ich in ein anmutiges grünes Tal. Melonen lagen auf der Erde. Es gab Zitronen- und Orangenbäume und Weintrauben.
Ich erinnerte mich an die Zeit, in der ich als Sklave im Garten arbeiten musste. Die dort erworbenen Kenntnisse konnte ich nun gut in meinem neuen Obstgarten gebrauchen. An einem besonders schönen Platz pflanzte ich eine Hecke. Die war nach zwei Regenzeiten bereits so hoch, dass ich sie beschneiden musste.
Auf diese Weise entstand eine wunderbare Laube, unter der ich mein Zelt aufschlagen konnte und sehr gerne saß. Von da an hatte ich – wie die Lords in England – einen Sommersitz auf dem Lande und meine Festung am Meer.
Von einem meiner Ausflüge brachte ich einen Papagei mit. Ich nannte ihn Poll. Nach einigen

Wochen wiederholte er bereits meinen Namen und beherrschte schon einfache Sätze. Wenn er sprach, berührte mich das seltsam. Und wenn er meinen Namen rief, hörte ich meinen Vater in York.
Ich lebte nun schon bald zwanzig Jahre auf der Insel. Langweilig wurde es mir in dieser Zeit nie. Ich hatte schließlich viele Berufe: Bauer und Bäcker, Jäger, Fleischer und Töpfer, Koch, Gärtner, Tischler und Architekt. Als meine Kleidung zerfiel, versuchte ich mich als

Schneider. Ich gerbte Felle und fertigte eine vornehme Weste aus Ziegenleder an. Ich nähte mir auch eine Hose. Die war knielang und sehr stabil. Jeden Morgen rutschte ich damit auf dem Hintern zum Ufer hinab und schnitt eine neue Kerbe in mein Holzkreuz. Nicht ein einziges Mal riss ich mir dabei ein Loch ins Leder.
Besonders stolz war ich aber auf meine Ziegenfellmütze! Und auf meinen Schirm aus Ziegenfell! Der war aufklappbar und schützte mich bei Sonne, bei Regen und Wind!
Eines Tages beschloss ich, ein Boot zu bauen. Das war eine harte Arbeit. Wochenlang war ich mit dem Aushöhlen des Stammes beschäftigt. Dann baute ich Mastbaum, Steuer und Segel. Jetzt war ich zu einem größeren Ausflug bereit.
An einem sonnigen Sonntagmorgen packte ich meine Proviantkörbe und begab mich zum Boot. Ich pflanzte meinen Sonnenschirm auf, hisste das Segel, und ab ging es auf große Fahrt!
Zum ersten Mal, seit ich hier lebte, verließ ich meine Insel! Ich segelte ein Stück hinaus aufs

Meer, um sie besser in Augenschein nehmen zu können. Auf der einen Seite wirkte sie der schroffen Felsen wegen kalt und unnahbar, und ich nannte sie „Meine Insel Felsenburg".
Kam man aber weiter nach Norden, flachte das Ufer ab. Die Landschaft wurde lieblicher. Es gab sanfte Hügelketten, und ich roch den Reichtum an Früchten bis hinaus aufs Meer.
In der Nähe meiner Sommerwohnung ging ich an Land. Am Abend saß ich unter meiner Laube und sang alte Seemanns- und Kinderlieder.

In wehmütiger Stimmung schlummerte ich ein. In meinen Träumen reiste ich durch ferne Länder. Ich erlitt Schiffbrüche. Ich kämpfte gegen Piraten und sah mich als kleiner Junge an der Hand meiner Mutter in den Straßen von York . . .

Bei Sonnenaufgang wurde ich auf seltsame Weise geweckt. „Robinson! Robinson Crusoe! Wo bist du gewesen?", fragte eine Stimme. Ich war verwirrt und meinte, dies sei noch ein Zipfel meines Traumes. Doch die Stimme rief

abermals: „Armer, armer Robinson. Wo bist du gewesen?"

Ich öffnete die Augen. Aber da war nichts.
Ich drehte meinen Kopf und sah hinüber zum Zaun. Auf dem höchsten Pfosten saß mein treuer Poll. Am Tag zuvor war er in meiner Felsenburg zurückgeblieben. Woher er wusste, dass ich mich gerade jetzt hier aufhielt, und wie er hierher gefunden hatte, blieb sein Geheimnis. Und der gute Poll verriet es mir nicht, solange er lebte.

Spuren im Sand

Immer wenn ich für längere Zeit auf meinem Landsitz weilte, nahm ich meine Ziegen mit. Sie weideten innerhalb einer Einfriedung, die von einer dichten Hecke umgeben war. Ich selbst saß dann gewöhnlich unter meiner Laube. Dort flocht ich Körbe, gerbte Felle und besserte meine Kleidung aus. Poll saß auf meiner Schulter und redete mit mir auf Papageienart. Nichts störte unseren kleinen Frieden. Doch eines Tages ereignete sich ein Vorfall, der mein Leben völlig auf den Kopf stellen sollte!

Ich war gerade am Ufer und sammelte Schildkröteneier zum Abendessen. Da fiel mir eine Vertiefung im Sand auf. Ich betrachtete sie aufmerksam. Und dann lief es mir heiß und kalt

über den Rücken. Ich kniete vor dem Abdruck eines menschlichen Fußes! Doch wie kam der hierher?! Die schlimmsten Befürchtungen jagten mir durch den Kopf. Ich sprang auf und ließ die Eier fallen, nahm meine Beine in die Hand und rannte davon, als seien mir die Wilden schon auf den Fersen.

Drei lange Tage verkroch ich mich in meiner Burg. Doch draußen blieb alles still. „Der Abdruck", sagte ich mir, „war eine Täuschung. Oder die Spur stammte von mir selbst."

Ich musste meine Ziegen melken und verließ die Burg. Nichts hatte sich auf der Insel verändert. Auch auf meinem Sommersitz war alles wie sonst.

Nachdem ich die Ziegen versorgt hatte, ging ich wieder zum Ufer. Die Eier lagen noch an derselben Stelle, an der ich sie fallen gelassen hatte. Auch der Abdruck war deutlich zu sehen. Ich setzte meinen Fuß hinein und lachte.

Aber dann traf es mich wie ein Blitz:
Mein Fuß war zu klein! Der Abdruck im Sand gehörte nicht mir!

Plötzlich spürte ich die Gefahr, in der ich schwebte. Wenn Wilde auf die Insel kämen, würden sie meine Felder und Ziegen entdecken und am Ende auch mich. Sie würden mich schlachten, wie ich meine Ziegen schlachtete. Und sie würden mich braten, wie ich meine Zicklein briet. Und sie würden eine Suppe aus mir kochen – vom Rest . . .

Doch so leicht sollten sie mich nicht bekommen! Ich hatte nicht all die Jahre auf dieser Insel

ausgeharrt und um mein Überleben gekämpft, um am Ende in einem Suppenkessel oder auf einem Eingeborenen-Grill zu landen.
Die nächsten Monate nutzte ich, um meine beiden Wohnsitze noch besser zu tarnen.
Um meine Burg zog ich einen zweiten Schutzwall. Ich legte Schießscharten an und bereitete alles für meine Verteidigung vor.
Bei der Suche nach einem sicheren Weideplatz geriet ich einmal auf die andere Seite der Insel. Dort stieß ich auf eine verlassene Feuerstelle. Sofort packte mich das kalte Entsetzen. Es war der Festplatz eines Kannibalenstammes, genau wie ich befürchtet hatte. Ich war umgeben von abgeknabberten Menschenknochen und Schädeln.

Die Wilden mussten von einer benachbarten Insel gekommen sein, um hier ihre Gefangenen zu verspeisen.

„Solange sie auf dieser Seite bleiben", sagte ich mir, „droht dir keine Gefahr."

Doch eines Morgens stieg Rauch am Ufer auf. Fünf Einbäume lagen auf meiner Seite der Insel. Die Wilden waren schon an Land gegangen. Sie stampften um ein Feuer herum und rieben sich die Bäuche. Durch mein Fernrohr sah ich, wie sie zwei arme Geschöpfe in ihren Kreis führten. Dann hob der Zeremonienmeister eine Keule. Er zielte auf den Kopf des einen Mannes – und dieser fiel tot um.

Der Tanz ging weiter, und der zweite Gefangene wartete geduldig auf sein Ende. Doch plötzlich überlegte er es sich anders. Er sah nach rechts, er blickte nach links – und dann rannte er los. Als die Tänzer begriffen, dass ihnen gerade der Braten davonlief, jagten sie ihm nach.

Der Flüchtling war jetzt an meiner Bucht angekommen. Er warf sich ins Wasser und

schwamm auf meine Seite. Von seinen Verfolgern konnten nur die beiden ersten schwimmen. Sie holten rasch auf. Der Ärmste rannte jetzt um sein Leben und kam direkt auf mein Versteck zu. Da entschloss ich mich, ihm beizustehen.
Als einer der Verfolger dicht hinter ihm war, sprang ich aus meiner Deckung. Ich versetzte ihm mit dem Flintenkolben einen solchen Schlag, dass er tot zu Boden stürzte.
Jetzt spannte der zweite seinen Bogen und zielte auf mich. Doch meine Flinte war schneller, und auch er brach zusammen.
Der Knall meines Gewehres hatte dem Flüchtling einen gehörigen Schrecken versetzt. Er zitterte am ganzen Körper. Ich machte ihm aber durch Zeichen begreiflich, dass die Gefahr vorüber und er gerettet sei.
Da warf er sich auf den Boden. Er nahm meinen linken Fuß und stellte ihn sich auf den Kopf. Damit wollte er mir zeigen, wie dankbar er mir war und dass er von nun an mein Diener sei.
Weil ich nicht wusste, ob uns die anderen

verfolgten, brachte ich ihn schnell in mein Außenversteck. Dort bekam er eine kräftige Brühe, und ich bereitete ihm ein Lager für die Nacht. Dankbar sah er mich an. Dann nahm er wieder meinen Fuß, stellte ihn sich auf den Kopf – und schlief sofort ein.
Erst jetzt war es mir möglich, ihn genauer zu betrachten: Er war größer als ich. Seine Haut war dunkel, und er hatte pechschwarzes, langes Haar. Sein Gesichtsausdruck war gutmütig und intelligent. Ich schätzte ihn auf neunzehn Jahre.

Ich beobachtete ihn noch einige Tage. Dann war ich davon überzeugt, dass er es ehrlich meinte und mich nicht versehentlich auffressen würde. Jetzt nahm ich ihn auch mit in meine Burg.
Ich gab ihm ein eigenes Zelt, und er erhielt von mir einen neuen Namen.
„Von jetzt an heißt du Freitag", erklärte ich ihm. „Und willst du wissen, warum? Weil ich dir an einem Freitag das Leben gerettet habe!"

Mein junger Wilder lächelte, als er das in seinen Ohren seltsam klingende Wort vernahm. „Freiiii-tag", wiederholte er langsam. Und gleich noch einmal: „Freiiii-tag." Und obwohl er meine Sprache noch nicht verstand, gefiel ihm dieser Name offenbar sehr.

Freitag war geschickt und gelehrig. Das Melken meiner Ziegen gelang ihm bald besser als mir. Auch im Sprechen machte er erstaunliche Fortschritte. Und als das Jahr zu Ende ging, konnte ich ihm von meinen Reisen und den Suppen meiner englischen Mutter erzählen.

Und er berichtete mir von lustigen Kannibalen-Festen, vom Glückszahn seiner Großmutter und von seinem Stamm.

Freitag wurde mir im Laufe der Jahre ein verlässlicher Diener und Helfer. Und er wurde mein Freund. Eines Tages, da war ich mir sicher, würden wir ein großes Boot bauen. Und wir würden gemeinsam zu jenem Festland hinüberfahren, das ich an klaren Tagen von meinem Hügel aus durchs Fernrohr sah . . .

Die Rettung

So vergingen die Tage, die Monate und wieder ein Jahr. Seit Freitag bei mir war, erschien mir das Leben auf der Insel höchst angenehm.
Wir lachten viel miteinander, und ich lernte auch einige Worte und Lieder in seiner Sprache.
Nur wenn er mich in den Bauch kniff und scherzhaft sagte: „Englisches Männerfleisch! Sehr, sehr gut zum Braten!", drohte ich ihm mit dem Suppentopf.

Ich lag noch in meiner Hängematte, als Freitag eines Morgens in mein Zelt gestürzt kam.
„Master!", rief er. „Master! Sie sind gekommen!"
Dabei rüttelte er mich so heftig, dass ich beinahe in den Bottich mit der Buttermilch gefallen wäre.
Ich drückte mir meine Ziegenfellmütze auf den

Kopf und folgte ihm ins Freie. Wir stiegen auf den Hügel, und ich wollte meinen alten Augen nicht trauen: Vor meiner Insel lag ein Schiff! Und ein Boot kam direkt auf uns zu. Es war mit einer großen Anzahl bewaffneter Männer besetzt. Eine Schiffsroute führte hier nicht vorbei. Einen Sturm hatte es in der Nacht nicht gegeben. Was hatte das also zu bedeuten?

Suchten hier vielleicht Piraten nach Wasser,
Wildbret oder einem Versteck?
Als die Fremden an Land kamen, sah ich,
dass drei von ihnen an den Händen gefesselt
waren. Während die übrigen ausschwärmten,
trotteten die Gefesselten mit gesenkten Köpfen
auf den Waldrand zu und setzten sich in den
Schatten der Bäume.
Ich verließ mit Freitag den Hügel. Unbemerkt
schlichen wir uns an sie heran. „Wer seid ihr?",

rief ich ihnen auf Spanisch zu. „Und weshalb hat man euch gefesselt?"
Sie hatten die Insel offenbar für unbewohnt gehalten, und meine Stimme erschreckte sie deshalb zu Tode. Ich stellte meine Fragen noch einmal. Diesmal auf Englisch. Jetzt hellten sich ihre Gesichter auf. Sie verstanden mich also. Sehen konnten sie mich aber nicht.
„Seid ihr womöglich ein Geist?", fragte der älteste der Männer angstvoll.
Ich verließ mein Versteck. Mein Anblick entsetzte sie aber so sehr, dass ihre Zähne wie Kinderrasseln klapperten. In meinem Aufzug musste ich ihnen wie ein sprechender Ziegenbock erscheinen, der Gewehr und Säbel trägt und auf zwei Beinen steht. Für lange Erklärungen war jetzt aber nicht die Zeit. Ich nannte deshalb meinen Namen und meine Herkunft und berichtete knapp, wie es mich auf diese Insel verschlagen hatte.
„Ich bin der Kapitän des Schiffes", sagte nun der Ältere. „Und diese beiden Herren sind mein

Steuermann und ein Passagier. Die Mannschaft hat sich gegen mich erhoben. Jetzt will man uns auf diesem Eiland aussetzen . . ."

„Von dem es kein Entrinnen gibt", sagte ich. „Es sei denn, ihr besitzt ein Schiff. Und um das sollten wir uns schleunigst kümmern!"

„Aber wie stellt ihr euch das vor?", fragte der Kapitän mutlos.

„Ich habe Waffen und Munition und will euch mit meinem Diener gern beistehen", gab ich zur Antwort. Und bei diesen Worten winkte ich Freitag heran.

„Euch muss der Himmel geschickt haben!", murmelte der Kapitän. „Ja, der Himmel."

Und dann versprach er mir, mich reich zu belohnen, wenn ich ihm helfen würde. Doch ich wollte keinen Lohn. Ich wollte auch keine Reichtümer. Ich hatte nur einen einzigen Wunsch: Er sollte mich und Freitag nach England bringen. Und das versprach er mir dann auch.

Die Männer aus dem Boot hatten sich über die Insel verteilt. Sie wollten sich offenbar vor

ihrer Weiterfahrt noch mit Früchten und frischem Fleisch eindecken. Manchmal fiel ein Schuss.
Ich ließ Freitag und den Steuermann Ruder, Mastbaum und Segel aus dem Boot holen und in mein Versteck bringen.
Nach einigen Stunden kehrten die Männer zurück. Einige von ihnen hatten Hasen und geschossene Vögel am Gürtel. Zwei andere trugen eine Wildziege und einen Bock.

Am Waldrand warfen sie sich ins Gras. Kurz darauf hörten wir ihr Schnarchen und Grunzen. Ich gab jetzt dem Kapitän meine Pistolen und jedem seiner Männer ein Gewehr. Wir waren schon bis auf hundert Schritte an die Schläfer herangeschlichen, als sich zwei von ihnen erhoben. Sie setzten ihre Pfeifen in Brand und schlenderten zum Boot. Einer von ihnen musste mal dringend und trat hinter einen Busch.
Doch ausgerechnet dort hockte der Kapitän. Nass wie ein Pudel sprang er hervor und schoss dem Übeltäter die Pfeife aus dem Mund.
Der Kerl brach zusammen. Den anderen überwältigte der Steuermann.
Die Schüsse hatten nun aber die Schläfer alarmiert. Sie stürzten schreiend herbei, konnten jedoch niemanden sehen. Wir hatten die beiden Körper in die Büsche gezogen und uns versteckt. Da wurde den Männern die Insel sehr unheimlich. Schnell rannten sie zum Boot. Doch dem fehlten die Ruder, das Segel, der Mast. Und die Gefangenen? Von denen gab es auch keine Spur.

Sie riefen laut nach ihren Spießgesellen und gingen zurück in den Wald. Dort hatten wir leichtes Spiel. Wir überwältigten einen nach dem anderen und fesselten sie.
Als die Männer ihren alten Kapitän und mich an seiner Seite sahen, bereuten sie ihr Tun.
Sie warfen sich vor ihm nieder und flehten um Gnade.
Die drei Anführer der Meuterei ließ ich von Freitag und dem Steuermann in eine Höhle bringen und einsperren.

Die anderen Gefangenen wollte der Kapitän vor eine Entscheidung stellen. Entweder sie halfen ihm bei der Rückeroberung seines Schiffes, oder sie sollten am Galgen sterben. Denn wer sich weigerte, so der Kapitän, sollte bei Sonnenaufgang zusammen mit den Anführern nach englischem Recht gehängt werden.
Dagegen erhob ich jedoch Einspruch.
„Ich bin der Gouverneur dieser Insel!", sagte ich. „Und hier wird niemand gehängt! Wer sich uns aber nicht anschließt, sondern auf die Seite der Meuterer stellt, der wird auf der Insel zurückgelassen."
Damit war der Kapitän einverstanden.
Und meine Worte zeigten große Wirkung.
Die Männer berieten sich miteinander, und jeder von ihnen war zur Hilfe bereit.
Ich wünschte dem Kapitän Glück für den bevorstehenden Kampf. Im Schutze der Dämmerung ruderte er mit seinen Männern zum Schiff.

Ich aber stieg auf meinen Hügel, sah zu den Sternen und aufs dunkle Meer und hoffte, dass der Kapitän erfolgreich sein würde. Gegen Mitternacht zerriss ein Kanonenschlag die Stille. Das war das vereinbarte Zeichen. Die Meuterer waren besiegt. Das Schiff war in unserer Hand.

Ich ging nun mit Freitag zurück in die Burg, und wir verbrachten darin unsere letzte Nacht.
Am Morgen weckte mich ein gewaltiger Donnerschlag. Ich sprang aus meiner Hängematte, trat diesmal tatsächlich in den Bottich mit der Buttermilch und rannte hinaus.
In der Bucht lag das Schiff mit aufgezogenen Segeln. Der Kapitän kam mir entgegen und umarmte mich. „Gouverneur!", rief er freudig. „Gouverneur! Jetzt geht es nach Hause! Wir brechen gleich auf."
Die Beine wurden mir weich wie Ziegenbutter. Der Kapitän musste mich stützen. Dann drückte ich ihm meine Fellmütze auf den Kopf, und er schenkte mir seinen schwarzen Hut.
Die Zeit zum Abschiednehmen war gekommen. Alle Meuterer, die Reue gezeigt hatten, nahmen wir mit zurück nach England. Die Anführer und die schlimmsten Bösewichte aber ließen wir auf der Insel zurück. Ich gab ihnen noch einige nützliche Ratschläge. Außerdem zeigte ich ihnen meine Ziegen, meine Felder und die

Töpferei. Ich beschrieb, wie man Korn erntet und Butter macht. Und dann versprach ich ihnen, sie später einmal zu besuchen.
Am 19. Dezember des Jahres 1686 ging ich mit Freitag an Bord des Schiffs. Achtundzwanzig Jahre, zwei Monate und neunzehn Tage hatte ich auf dieser Insel zugebracht. Zur Erinnerung nahm ich meinen aufklappbaren Sonnenschirm aus Ziegenfell mit, Poll, den Papagei, meine alte Flinte und einen Beutel Erde . . .

Robert Louis Stevenson
Die Schatzinsel
Neu erzählt von Ilse Bintig

Mit Bildern von Markus Zöller

Ein seltsamer Gast

Wir sind mit einem großen Segelschiff übers Meer gefahren, um einen Schatz zu suchen. Ich war auf der Reise ein Schiffsjunge, und darauf war ich sehr stolz. Die lange Fahrt zur Schatzinsel war voller Abenteuer und Gefahren. Es ist ein Wunder, dass mich die Piraten nicht erwischt haben.

Aber ich will alles der Reihe nach erzählen. Zuerst möchte ich euch sagen, wer ich bin. Ich heiße Jim Hawkins und bin sechzehn Jahre alt. Meine Mutter hatte in England eine Gasthaus in der Nähe eines kleinen Hafens. Tag und Nacht hörte ich, wie das Meer rauschte und der Seewind ums Haus pfiff. Unsere Gäste waren Matrosen, die bei uns ihren Rum tranken. Ich durfte helfen, sie zu bedienen, und das machte mir Spaß.

Eines Tages polterte es draußen vor dem Haus, und ein zerlumpter Kerl schob eine Seemannskiste durch die Tür.

»Habt ihr ein Zimmer für mich?«, fragte er mit heiserer Stimme.

Meine Mutter nickte und zeigte ihm seine Kammer. Gleich schleppte der Fremde die große Seemannskiste hinein und kam nach kurzer Zeit zurück in die Kneipe. Er ließ sich von mir ein Glas Rum bringen. Dann setzte er sich allein an einen Tisch und sagte mit leiser Stimme: »Junge, hör zu! Ich zahle dir jeden Monat eine Silbermünze, wenn du mir einen Gefallen tust.«

Das Geld lockte mich, aber gleichzeitig fürchtete ich mich auch vor dem Mann.

»Was soll ich tun?«, fragte ich.

»Melde mir sofort, wenn ein Mann mit einem Bein ins Haus kommt!«, sagte der Fremde. »Der Kerl ist nämlich gefährlich.«

Ich versprach ihm, mir alle Gäste genau anzusehen.
Als ich ihn nach seinem Namen fragte, antwortete er: »Nenn mich einfach Kapitän!«
Der Fremde blieb bei uns. Jeden Tag stand er am Meer und schaute durch sein Fernglas auf die Schiffe im Hafen. Abends trank er Rum und sang wilde Seemannslieder.
Eines Tages kam ein gefährlich aussehender Kerl in die Gaststube und setzte sich an den

Tisch des Kapitäns. Ich sah, dass der Kapitän blass wurde. Er schien den Mann zu kennen. Es dauerte nicht lange, da gab es zwischen den beiden Männern einen fürchterlichen Streit. Der Fremde stieß wilde Drohungen aus und verließ das Haus.

Der Kapitän rief mich zu sich. »Der einbeinige Kerl und seine Leute sind hinter meiner Seemannskiste her«, sagte er. »Sie haben mich lange gesucht, aber heute hat mich einer von ihnen gefunden.«

Kurze Zeit später tauchte wieder ein

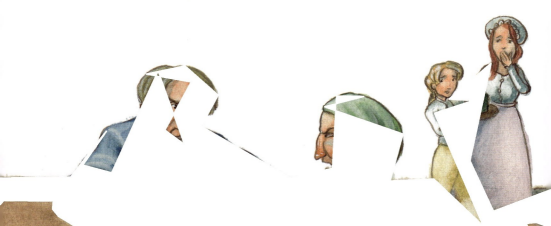

unheimlicher Gast in unserer Kneipe auf. Er schob dem Kapitän einen Zettel in die Hand, der auf der Rückseite schwarz gefärbt war.
Der Kapitän warf einen Blick auf das Papier und stotterte: »Das – das ist der schwarze Brief.«
Ich konnte die Worte auf dem Zettel lesen: »Gib die Kiste heraus! Du bist in unserer Gewalt.«
Der Kapitän war so erschrocken, dass er schwankte und auf die Erde stürzte. Als der Doktor kam, war der Mann tot.

Ich erzählte meiner Mutter alles, was ich über den Kapitän wusste.
»Er wurde verfolgt. Ein paar seiner alten Kameraden hatten es auf seine Seemannskiste abgesehen.«
»Weißt du auch, warum?«, fragte meine Mutter.
»Nein, das hat der Kapitän mir nicht verraten«, sagte ich.
»Nun, das kann man sich aber denken«, meinte Mutter. »Die Männer sind Piraten. Schlimme Seeräuber! Sie überfallen Schiffe und plündern

ganze Städte. Sicher haben sie auf ihren Fahrten reiche Beute gemacht.«

»Du meinst, in der Seemannskiste liegt ein Schatz?«, fragte ich aufgeregt.

»Kann schon sein«, meinte Mutter und zog mich hinauf in das Zimmer des Kapitäns. In einer Ecke stand die große, geheimnisvolle Seemannskiste. Wir fanden einen Schlüssel, der passte. Mutter schloss die schwere, alte Kiste auf. Mein Herz klopfte vor Aufregung bis zum Hals. Was war in der Seemannskiste versteckt? Gold? Silber? Edelsteine? Mutter öffnete den Deckel. Obenauf lag ein guter, sauberer Anzug, den der Kapitän bestimmt nie getragen hatte. Dann kamen allerlei Gegenstände zum Vorschein, die ein Seemann braucht: ein Taschenmesser, ein paar Päckchen Tabak und eine Pistole.

Ich war enttäuscht. Auf dem Boden der Kiste lag ein alter, schmutziger Seemannsmantel. Mutter zog ihn aus der Kiste und hielt ihn hoch. Da fiel ein Beutel mit Geldstücken heraus. Mutter zählte die Münzen und sagte: »Das Geld reicht gerade für die Schulden, die der Kapitän bei uns hat.« Schade! Ich hätte zu gerne einen Schatz entdeckt.

Mutter wollte den Deckel schon schließen, da sah ich einen großen Brief, der an der Wand der Kiste klebte.

In diesem Augenblick schlug jemand mit einem Stock an die Tür. Wir wagten kaum zu atmen. Gut, dass Mutter das Haus verschlossen hatte! Nach einer Weile hörten wir Schritte, die sich entfernten.

»Wir müssen verschwinden«, flüsterte Mutter.
»Es wird gefährlich für uns.«
Ich schob den großen, versiegelten Brief schnell unter meine Jacke. Dann schlichen wir durch einen Hinterausgang in den Garten.
Draußen war es dunkel, aber am Himmel stand hell und rund der Mond. Wir versteckten uns hinter einem Strauch. Vom Hafen her hörten wir ein paar Schüsse, und dann sahen wir im Mondlicht dunkle Gestalten auf unser Haus zugehen. Ich konnte jedes Wort der Seeräuber hören. Sie schlugen die Tür ein und rannten durch alle Zimmer.
»Wo ist die Kiste?«, schrie einer.
Nach wenigen Augenblicken hörte ich ein wütendes Schreien und Fluchen. »Die Kiste ist geöffnet und durchwühlt worden. Das Geld ist weg. Bestimmt war es der freche Bengel aus der Kneipe.«
»Das Geld ist nicht wichtig. Hauptsache, die Karte von Kapitän Flint ist noch da!«, rief einer.
»Nein, die Kiste ist leer.« Wütende Schreie drangen aus dem Haus. »Die Karte ist weg!«

Kapitän Flint?, dachte ich. Das war doch der gefährlichste Pirat aller Meere.

In meinem Kopf drehten sich die Gedanken wie ein Mühlrad. War in dem Brief, den ich bei mir trug, eine Karte? Warum jagten die Kerle hinter einer Karte her? Was bedeutete das?

Dann hörte ich eine Stimme: »Los, wir müssen den Jungen verfolgen! Er kann nicht weit gekommen sein.«

Mutter und ich rannten, so schnell wir konnten, davon. Plötzlich hörten wir ein Signal, und kurz darauf galoppierten vier Aufseher aus dem Hafen an uns vorbei.

»Sie verfolgen die Seeräuber«, flüsterte ich meiner Mutter zu. »Wir sind gerettet.«

Später hörten wir aber, dass alle Seeräuber entwischt waren.

Die Karte von der Schatzinsel

Wir wagten nicht, nach Hause zu gehen. Außerdem war ich neugierig auf das, was in dem Brief steckte. Ich brachte Mutter zu Verwandten, und dann lief ich zum Doktor. Der war ein kluger Mann und sollte den Brief öffnen. Ich fand den Arzt im Schloss des Barons, mit dem er befreundet war. Der Baron und der Doktor ließen sich alles von mir berichten, und dann kam der Augenblick, dem ich entgegenfieberte. Der Baron öffnete die Siegel und zog aus dem Umschlag eine Landkarte. Er breitete sie auf dem Tisch aus, und die beiden Männer beugten sich darüber.
»Donnerwetter, das ist die Karte von einer

Schatzinsel«, rief der Doktor. »Ein Pirat hat genau eingezeichnet, wo er die Schätze vergraben hat.«

Der Baron zeigte auf ein dickes rotes Kreuz. Daneben stand in kleiner Schrift: »Hier liegt der Schatz.«

Unter einer genauen Beschreibung der Insel stand der Name »Flint«.

Die Karte hatte also wirklich der gefürchtete Seeräuber Flint gezeichnet. Nur er wusste, wo der Schatz lag. Wer diese Karte hatte, konnte die vergrabenen Schätze finden. Jetzt wusste ich, weshalb die Piraten hinter der Karte herjagten.

Der Baron sprang auf und rief begeistert: »Wir suchen die Insel. Doktor, gib deine Praxis auf! Lass uns zusammen in die Südsee fahren! Wir werden die Insel finden und mit großen Schätzen nach Hause kommen.«

Der Doktor sagte: »Ich mache mit. Aber woher kriegen wir ein Schiff?«

»Dafür lass mich sorgen! Ich fahre

morgen schon nach Bristol. Ich halte es hier jetzt keinen Tag mehr aus«, sagte der Baron. Ich sah die große Begeisterung der Männer und wäre zu gerne mitgefahren. Aber ich war ja noch ein Junge. Der Baron schaute mich prüfend an. »Wenn dich auch das Abenteuer lockt, Jim Hawkins, dann kannst du mitfahren. Für einen Schiffsjungen gibt es genug zu tun.«
»Ich komme mit«, platzte ich heraus, denn etwas Schöneres als eine Schatzsuche konnte ich mir nicht vorstellen.

»Unser Unternehmen ist gefährlich, die Piraten von Flints Schiff werden nicht aufgeben, nach der Karte zu suchen«, erklärte der Baron. »Niemand darf erfahren, dass wir eine große Fahrt planen.« An diesem Abend ließ der Doktor mich nicht zurück nach Hause gehen. Er wusste, dass die Piraten vor allem hinter mir her waren.

Der Baron fuhr schon am nächsten Tag zum Hafen von Bristol. Wir mussten lange auf Nachricht warten. Endlich kam ein Brief an. Der Baron schrieb:

Hallo, Doktor! Hallo, Jim!
Ich habe ein schönes, großes Segelschiff gekauft. Es heißt »Hispaniola« und liegt hier im Hafen von Bristol. Es ist alles vorbereitet. Auch die Mannschaft steht bereit. Das Aussuchen der Seeleute war schwierig. Wie leicht kann unter den Matrosen ein Pirat sein! Durch Zufall habe ich aber einen Mann gefunden, der mir geholfen hat. Er heißt John Silver und ist ein weit gereister Seemann. Er hat zwar nur ein Bein und geht auf Krücken, aber er kennt sich in der Seefahrt aus. Der Mann wird Euch gefallen. Er hat hier im Hafen eine Gasthaus, aber er möchte gerne noch einmal eine Seereise als Schiffskoch machen.
John Silver kennt ein paar Seeleute, die zuverlässig sind. Sie sehen zwar reichlich verwildert aus, aber wir brauchen auf unserem Schiff ein paar mutige Matrosen. Ich vertraue John Silver. Wir werden eine zuverlässige Mannschaft haben. Macht Euch also sofort auf den Weg! Es geht los! Ahoi!

                    Es grüßt Euch der Baron

Ich freute mich auf die Reise. Nur der einbeinige Schiffskoch ging mir nicht aus dem Kopf. Der Pirat, vor dem ich den Kapitän warnen sollte, hatte auch nur ein Bein. Seltsam! Aber es gab sicher viele Seeleute mit einem Bein.

Nur wenige Tage später nahm ich Abschied von meiner Mutter. Als es dunkel wurde, fuhr ich mit einer Postkutsche los. Ich schlief sofort ein. Als wir im Hafen von Bristol ankamen, war es heller Tag. Ich fand den Baron und den Doktor in einem großen Gasthaus. Der Baron trug die Uniform eines Seeoffiziers und strahlte über das ganze Gesicht. »Hallo, da ist ja unser Schiffsjunge«, rief er mir entgegen.

Meine erste Frage war: »Wann fahren wir los?« Der Baron schlug mir auf die Schulter und sagte nur ein Wort: »Morgen.«

Nach dem Frühstück gab mir der Baron einen Brief für John Silver. Ich sollte ihn in das Gasthaus »Zum Fernrohr« bringen. Der Weg führte mich durch ein Gewimmel von Menschen und Karren. Im Hafen sah ich zum ersten Mal

die riesigen Segelschiffe. Am liebsten hätte ich jedem Seemann zugerufen: »Ich bin ein Schiffsjunge und gehe auf große Fahrt.«
Dann entdeckte ich das Gasthaus »Zum Fernrohr«. Im Schankraum sah ich John Silver, den Besitzer der Kneipe. Ein einziger Blick auf den Mann genügte. Nein, das konnte kein Seeräuber sein! Der Mann hatte zwar nur ein Bein und stützte sich auf eine Krücke, aber er sah sehr sauber und gepflegt aus. Ganz anders als die Piraten, die ich bisher gesehen hatte.
Ich gab John Silver den Brief, und er las ihn. Dann streckte er seine Hand aus und lachte mich an. »So, du bist also der Schiffsjunge!« Ich nickte, und John Silver schaute mich von oben bis unten an und meinte: »Du gefällst mir. Wir werden an Bord bestimmt viel Spaß haben. Du weißt ja, dass ich der Schiffskoch bin.«

Ich freute mich, der Mann gefiel mir.
Als ich gehen wollte, fiel mein Blick auf einen Gast, der am Tisch saß und Rum trank. Ich erkannte ihn sofort. Er war einer der Piraten, die hinter der Karte aus der Seemannskiste herjagten. Der Mann sah mich, stand auf und lief auf die Straße. Ich schrie: »Das ist ein Seeräuber. Fangt ihn!« John Silver schickte sofort zwei andere Gäste hinter dem Mann her. Sie kamen schnell wieder zurück und verkündeten: »Schade! Der Kerl ist uns entwischt.«
John Silver war entsetzt, dass sich in seiner Kneipe ein Pirat herumtrieb.
»Was bin ich doch für ein Trottel!«, sagte er immer wieder. »Ich hätte ihn leicht an die Polizei ausliefern können. Wenn ich nicht auf dieser elenden Krücke herumhumpeln müsste, hätte ich ihn erwischt.«
Ich glaubte ihm. John Silver ging mit mir zum Baron. Hier erzählte er sofort von dem Piraten in seiner Gaststube. Er versicherte, den Seeräuber nicht zu kennen. Auch der Baron glaubte ihm.

Auf dem Segelschiff

Endlich war es so weit. Die ganze Mannschaft war auf dem Schiff versammelt und wurde vom Baron begrüßt. Er hatte sich viel Mühe gegeben, einen guten Kapitän für sein Schiff zu finden. Das war ihm auch gelungen. Der Kapitän besichtigte das Schiff und schaute sich die Mannschaft an. Er schien nicht begeistert zu sein.

»Gefällt Ihnen das Schiff nicht?«, fragte der Baron.

»Das Schiff ist gut, aber die Mannschaft gefällt mir nicht«, antwortete der Kapitän.

»Die Mannschaft ist in Ordnung. Sie können sich auf jeden Mann verlassen«, widersprach

der Baron. »Vor allem auf John Silver. Es ist ein Glück, dass ich ihn gefunden habe.«

Der Kapitän knurrte: »Ich hätte mir die Männer lieber selbst ausgesucht.«

»Sie trauen den Matrosen nicht. Sie haben wohl Angst vor einer Meuterei an Bord?«, sagte der Baron.

Der Kapitän schwieg, und der Baron war verärgert: »Gibt es noch etwas auszusetzen?«

»Ja, die ganze Fahrt gefällt mir nicht. Sie jagen hinter einem Schatz her und das ist gefährlich«, sagte der Kapitän.

Der Baron sprach in den nächsten Tagen kein Wort mehr mit dem Kapitän. Sein Vertrauter war

John Silver. Auch ich war oft bei dem Schiffskoch in der Kombüse und ließ mir von ihm abenteuerliche Geschichten erzählen. Der Mann erfüllte mir jeden Wunsch. Er war wie ein Vater zu mir. Kein Wunder, dass es mir an Bord des schönen Segelschiffes gefiel. Im Laufe der Fahrt sah auch der Kapitän ein, dass die Mannschaft in Ordnung war.

Die weite Fahrt verlief ohne Zwischenfälle. Wir genossen die südliche Sonne und auch den stürmischen Wind. Unser großes, schönes Schiff segelte sicher über das Meer. Es war ein lustiges Leben an Bord. Wir hatten genug zu essen und zu trinken. Sogar ein Fass voller Äpfel stand bereit, und jeder durfte sich davon nehmen.

Eines Tages hatte ich Lust auf einen Apfel. Ich schaute in das Fass und sah, dass nur noch wenige Äpfel übrig geblieben waren. Ich kroch in das Fass, setzte mich gemütlich auf den Boden und biss in einen Apfel.

Als ich mein Versteck verlassen wollte, hörte

ich Stimmen. Zwei Männer saßen auf der Erde und lehnten sich an das große Fass, in dem ich hockte.

Ich konnte jedes Wort der Männer verstehen. Was ich hörte, trieb mir einen Schauer über den Rücken.

Ein Mann sagte: »Ich habe zur Mannschaft des gefürchteten Kapitän Flint gehört. Genau wie die Leute, die ich auf dieses Schiff mitgebracht habe.« Der Mann lachte spöttisch. »Ein Glück, dass keiner hier an Bord ahnt, dass wir Piraten sind. Wir haben auf unseren Fahrten Schiffe gekapert, ganze Städte geplündert und reiche Beute gemacht. Darauf bin ich heute noch stolz.«

Ich traute meinen Ohren nicht. Das war John Silvers Stimme. Er erzählte seine Geschichte dem jüngsten Matrosen an Bord. Ich spitzte meine Ohren.

»Du bist ein tüchtiger

Seemann und ich freue mich, dass du mitmachst. Jetzt haben wir genug Piraten an Bord, um mit den Freunden des Barons fertig zu werden. Also, auf reiche Beute!«

Ich hörte, wie John Silver dem Matrosen Rum einschenkte und lachte. »Verlass dich auf mich! Die Schätze auf der Insel graben wir aus und nicht der Baron und seine Freunde. Aber zuerst müssen wir die Karte von Kapitän Flint haben. Er hat auf der Karte die Stelle eingezeichnet, wo er seinen Schatz vergraben hat.«

»Und was geschieht mit dem Baron, mit dem Kapitän und mit dem Doktor?«, fragte der junge Mann.

»Sie könnten uns verraten, deshalb werden sie auf der Schatzinsel getötet«, sagte John Silver.

»Der Schiffsjunge auch?«, fragte der Matrose.

»Der auch«, antwortete John Silver.

Ich saß steif und starr im Fass und konnte nicht begreifen, dass der freundliche John Silver ein schlimmer Pirat war.

Als die beiden Männer aufstanden, hielt ich den

Atem an. Wie leicht konnten sie mich entdecken! Dann hörte ich das Klopfen von John Silvers Krücke, das immer leiser wurde. Ich schaute vorsichtig aus dem Fass. Die Männer waren verschwunden. Jetzt hatte ich nur noch einen Gedanken. Ich musste so schnell wie möglich dem Baron und dem Doktor berichten, was ich gehört hatte. Plötzlich schallte ein Ruf übers Meer: »Land in Sicht!«

Dann hörte ich Getrampel, Schreien und Lachen. Alle Leute, die an Bord waren, rannten an mir vorüber, um die Insel zu sehen. Als es still wurde, kroch ich aus meinem Fass und lief hinter den anderen her.

Die ganze Mannschaft war versammelt, und der Kapitän fragte: »Wer kennt die Insel?«

»Ich!«, rief John Silver. »Ich war Koch auf einem Schiff, und wir haben auf dieser Insel frisches Wasser geholt.«

Der Kapitän ließ sich von John Silver erklären, wo er am besten anlegen konnte. Dabei zeigte er John Silver eine Karte der Insel. Ich sah auf einen Blick, dass es nicht die Karte war, die ich aus der Seemannskiste geholt hatte.

Auf dieser Karte war kein Schatz eingezeichnet. John Silver erkannte das sofort, aber er ließ sich die Enttäuschung nicht anmerken. Endlich entdeckte ich den Baron und den Doktor. Ich flüsterte im Vorbeigehen: »Ich muss Sie sprechen.« Der Baron und der Doktor gingen in eine Kajüte und winkten mich herein. Ich berichtete von dem Gespräch, das ich mit angehört hatte.

»Du bist also sicher, dass John Silver und seine Männer Piraten sind?«, fragte der Doktor.

»Ja, ganz sicher!«, sagte ich, »sie waren auf dem Piratenschiff von Kapitän Flint und haben geplündert und gemordet.«

Der Doktor schlug mir auf die Schulter und sagte: »Gut gemacht, Junge! Du bist ein Teufelskerl. Wahrscheinlich hast du uns das Leben gerettet.«

Der Baron ließ sofort den Kapitän kommen, der von Anfang an John Silver und seinen Männern misstraut hatte. Der Kapitän war nicht erstaunt über meinen Bericht. Er sagte: »Wir dürfen nichts tun, solange wir auf dem Schiff sind, denn die Piraten sind in der Überzahl. Wir müssen in Ruhe über unsere Lage beraten.«

Auf der Insel

John Silver half dem Steuermann, das Schiff in die Bucht zu steuern. Vor uns lag eine düstere Insel mit kahlen grauen Felsen und dunklen Wäldern. Über dem Land brütete eine mörderische Hitze. Es roch nach faulem Laub. Mir war unheimlich zumute. Einen Augenblick lang dachte ich: Wäre ich doch zu Hause geblieben! Wer weiß, ob wir unsere Heimat jemals wiedersehen!
Ich kannte weder die genauen Pläne des Kapitäns noch der Piraten. Das Schiff schaukelte in der Bucht, und die Matrosen lagen faul an Deck, aber der Kapitän wusste, dass die Piraten plötzlich meutern konnten.

»Wer hat Lust, jetzt schon an Land zu gehen?«, rief der Kapitän. Er hoffte, einige Piraten loszuwerden.

Ein paar Männer kletterten in ein Boot. Ich sprang, ohne zu überlegen, hinterher. Wie ich dazu kam, weiß ich selbst nicht. Plötzlich sah ich auch John Silver in dem Boot. Als wir ans Ufer kamen, griff ich schnell nach einem Ast und schwang mich an Land. Ich lief, so schnell ich konnte, in den dichten Wald.

Nur nicht John Silver in die Hände fallen!, dachte ich voller Angst.

Aber da hörte ich schon seine Stimme durch den Wald schallen:

»Jim Hawkins, wo bist du?«
Ein furchtbarer Schrecken fuhr mir in die Glieder. Ich kämpfte mich durch das Gestrüpp. Nur weg von John Silver! Die Stimmen der Männer entfernten sich. Ich setzte mich auf den Boden und schaute mich um. Wie einsam es hier war! Über mir kreischten Vögel, und auf dem Boden vor meinen Füßen schlängelte sich eine Klapperschlange. Gut, dass ich nicht wusste, wie gefährlich sie war! Ich blieb still sitzen und merkte, wie meine Angst allmählich verschwand. Aber dann schreckte ich plötzlich auf. Ich hörte die Stimmen von zwei Männern und erkannte sie sofort. John Silver sprach mit einem unserer treuen Matrosen. Ich schlich vorsichtig an die Männer heran und versteckte mich hinter einem Gebüsch. John Silver versuchte, den Matrosen für die Pläne der Piraten zu gewinnen, aber der junge Mann war sehr mutig und weigerte sich. John Silver schrie: »Das kostet dich dein Leben.« Mir lief es kalt über den Rücken. Jetzt wusste ich, wie grausam Piraten waren. Nie

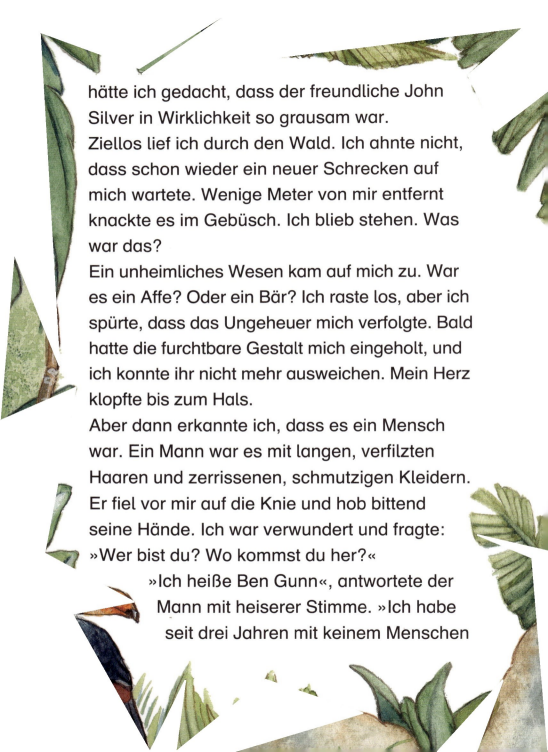

hätte ich gedacht, dass der freundliche John Silver in Wirklichkeit so grausam war.

Ziellos lief ich durch den Wald. Ich ahnte nicht, dass schon wieder ein neuer Schrecken auf mich wartete. Wenige Meter von mir entfernt knackte es im Gebüsch. Ich blieb stehen. Was war das?

Ein unheimliches Wesen kam auf mich zu. War es ein Affe? Oder ein Bär? Ich raste los, aber ich spürte, dass das Ungeheuer mich verfolgte. Bald hatte die furchtbare Gestalt mich eingeholt, und ich konnte ihr nicht mehr ausweichen. Mein Herz klopfte bis zum Hals.

Aber dann erkannte ich, dass es ein Mensch war. Ein Mann war es mit langen, verfilzten Haaren und zerrissenen, schmutzigen Kleidern. Er fiel vor mir auf die Knie und hob bittend seine Hände. Ich war verwundert und fragte: »Wer bist du? Wo kommst du her?«

»Ich heiße Ben Gunn«, antwortete der Mann mit heiserer Stimme. »Ich habe seit drei Jahren mit keinem Menschen mehr gesprochen. Man hat mich hier auf der Insel ausgesetzt.«

Ich wusste, dass Piraten manchmal Menschen auf einer einsamen Insel aussetzen, um sie loszuwerden.

»Bist du ein Pirat?«, fragte ich.

»Ja, ein schlimmer Pirat sogar. Aber ich bereue alles, was ich Böses getan habe«, sagte Ben Gunn. »Ich musste schwer büßen für meine Taten. Drei Jahre lang habe ich nur von Beeren und Muscheln gelebt, und nachts habe ich von Käse geträumt. Von einem großen Stück Käse.«

»Wenn ich wieder auf mein Schiff kommen sollte, bekommst du von mir ein riesengroßes Stück Käse«, versprach ich.

»Fürchtest du, dein Schiff nicht mehr zu erreichen?«, fragte Ben Gunn.

Ich erzählte ihm von meinen Erlebnissen. Von der Karte des Kapitän Flint, von unserer Reise zur Schatzinsel und von meiner Entdeckung, als ich in der Apfeltonne hockte.

Ben Gunn wurde ganz aufgeregt, als er hörte, dass bei uns Piraten an Bord waren.
»Ist es das Schiff von Kapitän Flint?«, fragte er. Ich beruhigte ihn, aber ich musste ihm die Wahrheit sagen. »Kapitän Flint ist tot, aber die Piraten auf unserem Schiff gehörten zur Mannschaft des Kapitäns.«
»Auch ein Mann mit einem Bein?«, wollte Ben Gunn wissen.
»Ja, John Silver. Er ist unser Schiffskoch«, entgegnete ich.
»Hat er dich geschickt, um mich zu suchen?«, fragte er, und ich sah, dass er vor Angst zitterte.
»Nein, ich gehöre zu den Leuten des Barons, von dem ich dir erzählt habe«, erklärte ich. »Es wird zu einem Kampf mit den Piraten kommen.«
»Wie heißt du?«, fragte Ben Gunn.
»Ich heiße Jim Hawkins. Ich bin auf unserem Schiff der Schiffsjunge«, antwortete ich.
»Du bist ein tüchtiger Kerl!«, sagte Ben Gunn und streckte mir die Hand hin. »Vielleicht kann ich euch helfen. Ich bin reich.«

Dann erzählte er mir von einem Boot, das er gebaut habe, und verriet mir, wo es lag. Ich wusste nicht, ob er mir die Wahrheit sagte. Oder ob er vielleicht durch die lange Einsamkeit auf der Insel verwirrt war.
Dann fragte Ben Gunn zögernd: »Ob deine Leute mich mit nach Hause nehmen?«
»Ich hoffe es.« Mehr konnte ich nicht sagen. Während ich noch mit Ben Gunn sprach, hörten wir plötzlich Schüsse fallen. Die Schießerei wurde stärker. Dann fiel ein Kanonenschuss. Kurz darauf sahen wir nicht weit von uns entfernt hoch über den Bäumen die englische Flagge aufsteigen.
»Das sind deine Freunde«, sagte Ben Gunn.
»Sie sind an Land gekommen.«

»Da bin ich nicht sicher«, meinte ich. »Es können auch die Piraten sein.«
»Niemals!«, erklärte Ben Gunn. »Piraten würden nicht die englische Flagge zeigen. Sie haben ihre eigene schwarze Piratenflagge.«
»Es kann doch eine List von John Silver sein«, wendete ich ein.
»Es stimmt, der Kerl ist hinterlistig, aber die englische Fahne würde er nicht hissen. Glaub mir, mein Junge!«
Ben Gunn fuhr fort: »Die Fahne weht auf einem Blockhaus, es ist nicht weit von hier.«
»Ich muss mich sofort aufmachen und das Blockhaus suchen. Du kannst mit mir gehen«, schlug ich vor.
Ben Gunn schüttelte den Kopf: »Nein, das wäre dumm von mir. Wer weiß, was deine Leute mit mir machen!«
»Es sind anständige Leute«, versicherte ich.
»Das glaube ich erst, wenn ich deinen Baron gesehen habe«, sagte Ben Gunn. »Ich bleibe hier, bis du mit deinen Leuten und einer weißen

Fahne kommst.« Als ich mich umdrehte, rief er mich zurück. »Wenn ihr wirklich kommt, werde ich euch einen Vorschlag machen. Und noch etwas. Du verrätst mich doch nicht an John Silver?«

»Du kannst dich auf mich verlassen«, sagte ich und lief davon.

Es dauerte nicht lange, da lag das Blockhaus vor mir. Ich sah sofort, dass hier gekämpft worden war. Einer unserer Männer stand als Wache vor dem Tor. Als er mich sah, lief er ins Haus und rief: »Jim Hawkins ist da.«

Alle freuten sich, und der Doktor sagte: »Du hast uns große Sorgen gemacht. Gut, dass du wieder bei uns bist!«

Es war Abend geworden, und ein kühler Seewind zog durch alle Ritzen der Holzwände. Wir sammelten rund um die Blockhütte Holz und zündeten auf einer Steinplatte ein Feuer an. Nachdem wir etwas von unseren Vorräten gegessen hatten, saßen wir um das Feuer herum und erzählten. Der Baron, der Doktor und der Kapitän berichteten von ihrem Kampf gegen die Piraten, und ich erzählte von Ben Gunn. Ich war hundemüde und legte mich in einer Ecke des Blockhauses auf den Boden und schlief sofort ein.

Am nächsten Morgen wurde ich durch ein Geräusch geweckt. Ich hörte eine Stimme, die mir bekannt vorkam.
John Silver! Das war John Silver. Mir verschlug es die Sprache.
Ich sprang auf und sah, wie hinter dem Zaun ein weißes Tuch geschwenkt wurde. Ein Zeichen, dass die Piraten ihren Kampf aufgeben wollten. Der Kapitän trat vor die Tür und rief: »Was willst du, John Silver?«

»Ich will verhandeln, lasst mich hinein!«, schrie der Pirat.
Ich wunderte mich sehr, dass der Kapitän bereit war, mit ihm zu sprechen. Er öffnete das Tor, und John Silver humpelte auf seine Krücken gestützt in das Blockhaus.
»Nanu, was sehe ich denn da?«, spottete er,

»da ist ja die ganze Familie versammelt: der Herr Baron, der Herr Doktor, der Herr Kapitän und – Jim Hawkins.«

»Lass deinen Spott, John Silver!«, fuhr der Kapitän ihn an.

»Sag endlich, was du hier willst!«

»Es geht um den Schatz, das wisst ihr genau«, sagte John Silver. »Wir sind in der Übermacht, und wir werden uns den Schatz holen. Gebt die Karte von Kapitän Flint heraus! Nur dann kommt ihr mit dem Leben davon. Wenn wir den Schatz ausgegraben haben, sind wir bereit, euch an Bord zu nehmen. Wir setzen euch unterwegs irgendwo an der Küste ab. Aber wehe euch, wenn ihr die Karte nicht herausgebt!«

Der Kapitän antwortete: »Ich will dir sagen, was mit euch geschieht. Wir stellen euch in England vor Gericht. Was euch dann droht, wisst ihr genau. Piraten werden gehängt.«

»Piraten fürchten sich nicht vor dem Tod«, sagte John Silver. »Also, mein letztes Wort: Gebt ihr die Karte heraus?«

»Nein«, rief der Kapitän. »Verschwinde, du elender Schuft!«
John Silver humpelte auf seinen Krücken davon. Am Tor drehte er sich noch einmal um und rief: »Das werdet ihr bereuen.«
Ehrlich gesagt, bei diesem Gespräch packte mich die Angst. Ich wusste genau, dass der Kampf jetzt erst beginnen würde. Wir bereiteten uns auf einen Angriff der Piraten vor. Es dauerte nicht lange, da stürmten sie auch schon laut schreiend auf das Blockhaus zu. Es entbrannte ein harter Kampf, aber zum Schluss waren wir die Sieger.

Allein auf dem Meer

Am nächsten Morgen geschah etwas Seltsames. Der Doktor steckte sich die Karte in die Tasche und verschwand. Was hatte er vor? Ich konnte es mir nicht erklären.
Ich nutzte die Abwesenheit des Doktors, um alleine etwas zu unternehmen. Ben Gunn hatte mir die Lage seines Bootes verraten. War er ehrlich gewesen? Oder wollte er mich in die Irre führen? Ich stopfte meine Taschen voll Zwieback und kletterte leise über den Zaun. Keiner bemerkte mich. Ich lief durch den dichten Wald, ohne dass mir einer begegnete. Ich fand das Boot und fuhr kurz entschlossen damit hinaus aufs Meer.
Es dauerte nicht lange, da sah ich unsere

»Hispaniola«. Auf dem höchsten Mast flatterte die schwarze Piratenflagge. Die Strömung trieb mich nahe an das Schiff heran. Über dem Meer stieg dichter Nebel auf. Das war gut für meinen Plan. Ich paddelte unbemerkt an die Ankerseile und schnitt sie unter Wasser durch. Das Schiff trieb nun an der Küste entlang. Aber plötzlich wendete es und fuhr genau auf mich zu. Ich bekam einen furchtbaren Schrecken.
Jetzt ist alles aus, dachte ich.
Das Schiff drohte, mein Boot zu zermalmen. Im letzten Augenblick griff ich nach einer Leine, die an der Schiffswand hing, und zog mich daran hoch. An Deck schaute ich mich vorsichtig um. Plötzlich stand ein Pirat vor mir und griff mich an. Ich wehrte mich. Doch weil der Pirat so viel Rum getrunken hatte, schwankte er und fiel über Bord. Dann ging ich durch alle Räume des Schiffes. Vielleicht waren noch andere Piraten an Bord, aber es war niemand zu sehen. Ich war ganz allein auf dem Schiff.
Ich muss die »Hispaniola« retten, dachte ich und

holte die schwarze Piratenflagge vom Mast. Das Schiff trieb ans Ufer und lief schließlich auf Grund. Ich stellte fest, dass ich in einer kleinen, einsamen Bucht an der anderen Seite der Insel gelandet war. Hier würde keiner das Schiff finden. Nur ich wusste, wo es lag. Dieser Gedanke machte mich stolz.

Vorsichtig kletterte ich über eine Strickleiter an der Schiffswand hinunter. Das Wasser ging mir nur bis zu den Knien. So konnte ich leicht den Strand erreichen. Obwohl ich müde war, wollte ich mich so schnell wie möglich bei meinen Leuten im Blockhaus zurückmelden. Ich stellte mir schon vor, wie ich mit meiner Heldentat prahlen würde.

Der Baron, der Doktor und der Kapitän werden Augen machen, wenn ich plötzlich wieder auftauche, dachte ich. Gut, dass ich den Weg zum Blockhaus so schnell fand!

In der Hand der Piraten

Vor dem Blockhaus stolperte ich plötzlich über einen Mann, der auf der Erde lag und schlief. Er sprang sofort auf, griff nach seiner Pistole und rief: »Wer da?«

Oh weh! Es war die Stimme von John Silver. Ich erschrak fürchterlich. Vor Angst konnte ich kein Wort herausbringen.

»Nun sieh mal an! Jim Hawkins!«, rief John Silver höhnisch. »Du hast uns gerade gefehlt. Jetzt bleibt dir nichts anderes übrig, als bei uns mitzumachen.«

Die anderen Piraten kamen aus dem Haus und schrien wütend: »So, Bürschchen, jetzt haben wir dich.«

»Haltet euren Mund!«, sagte John Silver. »Was mit dem Jungen geschieht, ist meine Sache.«
Ich schaute mich um. Wo war der Baron? Der Doktor? Der Kapitän? Ob die Piraten sie gefangen genommen hatten? Aber es war nichts von Gefangenen zu sehen. Ein furchtbarer Gedanke tauchte bei mir auf: Hatten die Piraten meine Leute getötet?
Ich nahm die letzte Kraft zusammen und fragte: »Wie kommt ihr in das Blockhaus? Wo sind meine Freunde?«
»Ich will ehrlich sein«, sagte John Silver. »Heute Morgen kam der Doktor zu mir und wollte verhandeln. Zu unserer Überraschung gab er

mir die Karte und verließ mit seinen Freunden das Haus.«

In meinem Kopf jagten sich die Gedanken. Warum hatten meine Freunde das Blockhaus den Piraten überlassen? Was war in meiner Abwesenheit geschehen?

In der Blockhütte lärmten die Piraten und schrien: »Der Junge darf hier nicht lebend herauskommen.«

Silver sah, dass ich Angst hatte, und schützte mich vor seinen Leuten. Er sagte leise: »Ich mache dir einen Vorschlag. Ich rette dich vor den Piraten, und du sagst in England vor Gericht aus, dass ich kein Pirat war.«

In diesem Augenblick klopfte es. Zu meiner Überraschung kam der Doktor. Wahrscheinlich suchte er mich.

»Hallo, Doktor!«, rief John Silver. »Raten Sie mal, wer zu Besuch gekommen ist.«

»Doch nicht etwa Jim Hawkins?«

»Genau der«, antwortete John Silver.

Der Doktor konnte es kaum glauben. Er sagte

unfreundlich zu mir: »Du bist ein Feigling, Jim. Wie konntest du uns nur verlassen?«

Mir kamen die Tränen. »Ich bin kein Feigling«, sagte ich leise.

Als John Silver sich zu seinen Leuten umdrehte, flüsterte ich dem Doktor schnell zu: »Ich habe das Schiff gerettet.«

Er sagte leise: »Gut gemacht, Jim!«

Der Doktor wollte mich mitnehmen, aber John Silver und seine Leute erlaubten es nicht.

»Jim Hawkins kann für uns noch nützlich sein«, erklärte John Silver.

Dem Doktor blieb nichts anderes übrig, als allein zu gehen. Am Tor drehte er sich um und rief: »Wehe dir, John Silver, wenn ihr dem Jungen etwas antut!«

Mir kamen wieder die Tränen. Ich hatte ein mulmiges Gefühl im Magen.

John Silver rief die Piraten zusammen und sagte: »So Leute, jetzt ist es so weit. Auf zur Schatzsuche!«

Die Piraten jubelten. Ihre schlechte Laune war verflogen.

Mir graute vor dem Unternehmen. Ich wusste genau, dass John Silver ein hinterlistiger Pirat war. Wenn er erst den Schatz gefunden hatte, würde er mich bestimmt töten.

»Jim Hawkins geht mit uns. Er steht unter meinem Schutz. Als Geisel kann uns der Junge viel wert sein«, erklärte John Silver den Piraten. Er band mir einen Strick um den Leib und führte mich wie einen Hund an der Leine. Alle Piraten waren bis an die Zähne bewaffnet.

Wir gingen hinunter an den Strand und fuhren

mit einem Boot ein Stück übers Meer. Dann legten wir wieder am Ufer an. Jetzt begann ein weiter Fußweg durch dichte Wälder. John Silver schaute immer wieder auf die Karte und gab seine Befehle. Es ging bergauf, und wir schwitzten in der brütenden Sonne.
Die Piraten schauten sich oft um und griffen bei jedem kleinen Geräusch nach ihren Waffen. Wahrscheinlich fürchteten sie einen Angriff meiner Freunde. Für mich war es kein Vergnügen, als Geisel hinter John Silver herzulaufen. Keinen Augenblick ließ er den Strick aus der Hand. Er wusste genau, dass

meine Leute nicht auf mich schießen würden.
Deshalb war ich für die Piraten bei einem Angriff
der beste Schutz.
Plötzlich blieb John Silver stehen. Er verglich
den Ort noch einmal mit den Eintragungen auf
der Karte und rief: »Leute, fangt an zu suchen!
Unter den hohen Bäumen muss der Schatz
liegen.«
Plötzlich schrie einer der Piraten: »Hier ist die
Grube.«
»Die Grube ist leer«, schrie ein anderer.
Und dann sahen es alle. Der Schatz war
verschwunden.
Die Männer waren enttäuscht und wütend. Ich
dachte sofort an den Doktor. Er musste gewusst
haben, dass die Grube leer war. Deshalb überließ
er die Karte den Piraten. Er hatte sie an der Nase
herumgeführt. Aber wo war der Schatz geblieben?
John Silver sagte zu seinen Leuten: »Jim Hawkins
Freunde können es nicht gewesen sein. Aber wer
war es?«
In diesem Augenblick ertönte hinter dem

Gebüsch eine Stimme. Jemand sang ein Lied, das allen Männern einen Schauer über den Rücken jagte. Es war das Piratenlied ihres gefürchteten Kapitäns.

»Das ist Kapitän Flint«, flüsterte einer der Männer voller Entsetzen.

»Unsinn! Kapitän Flint ist tot. Ich habe ihn selbst gesehen«, sagte John Silver.

»Dann ist es sein Geist, der hier auf der Insel herumirrt«, flüsterte einer. Die Männer wurden blass. Selbst dem harten John Silver klapperten die Zähne. »Schatz weg! Schiff weg! Wir sind verloren!«, stieß er hervor.

Das Ende
der abenteuerlichen Reise

Noch einmal hörten die Piraten voller Entsetzen das Lied des Kapitän Flint. Dann trat ein Mann aus dem Gebüsch. Es war nicht Kapitän Flint. Es war Ben Gunn. Die Piraten erkannten ihren alten Kameraden sofort und ergriffen die Flucht. John Silver zog mich vor Angst mit dem Strick näher zu sich heran. Ben Gunn schaute John Silver voller Verachtung an. »Du hast mich auf der Insel ausgesetzt. Du hättest den Tod verdient, du Schuft! Aber du hast Jim Hawkins vor deinen Männern gerettet, und nur deshalb verschonen wir dich.«

Jetzt trat auch der Doktor aus dem Gebüsch und rief: »So ist es, John Silver. Wir sind einer Meinung mit Ben Gunn.«

Ich wusste in diesem Augenblick, was geschehen war. Ben Gunn hatte den Schatz schon vor langer Zeit gefunden und versteckt. Um nach Hause zu kommen, zeigte er meinen Freunden das Versteck. John Silver wusste, dass die Piraten verloren hatten, und schlug sich sofort auf unsere Seite. Er verneigte sich vor dem Doktor und sagte: »Ich werde auf der Heimfahrt wieder Schiffskoch sein und alles tun, was mir befohlen wird.«

Der Doktor schaute den Verräter verächtlich an, aber er hatte ihm sein Wort gegeben, weil er mich beschützt hatte.

Der Doktor führte uns geradewegs zu einer Höhle, in der der Baron und der Kapitän auf uns warteten. Hier hatte Ben Gunn den riesigen Schatz versteckt.

Wir mussten ein paar Tage hart arbeiten, um die

vielen Säcke mit Gold- und Silbermünzen auf das Schiff zu bringen.
Der Baron sagte zu mir: »Ein Glück, dass du das Schiff gerettet hast!«
»Du bist ein Teufelskerl, Jim«, meinte der Doktor. »Ohne dich würden wir nicht mehr leben.«
Auch der Kapitän lobte mich. »Jim Hawkins, du bist der beste Schiffsjunge, der mir jemals begegnet ist.«
Ich war mächtig stolz auf meine Heldentaten, aber zugleich auch sehr froh, dass es endlich nach Hause ging.
John Silver spielte auf der Heimfahrt den unterwürfigen Schiffskoch. Aber in einem kleinen Hafen, in dem wir Verpflegung einkauften, ging er heimlich von Bord. Wir stellten fest, dass ein großer Sack voller Goldmünzen fehlte.
Unsere Freude war riesengroß, als wir nach langer Fahrt in Bristol ankamen. Wir teilten den Schatz, trennten uns und sahen uns niemals wieder.

Das war die Geschichte von unserer abenteuerlichen Schatzsuche.
Ich kann mir vorstellen, dass ihr noch wissen möchtet, wie es mir jetzt geht.
Gut! Ich will es euch ehrlich sagen: Geld habe ich genug für mein ganzes Leben, aber die furchtbaren Erlebnisse auf der Schatzinsel kann ich nicht vergessen. In jeder Nacht verfolgen mich in meinen Träumen die Piraten. Niemals – das schwöre ich – würde ich die Fahrt zur Schatzinsel noch einmal machen.

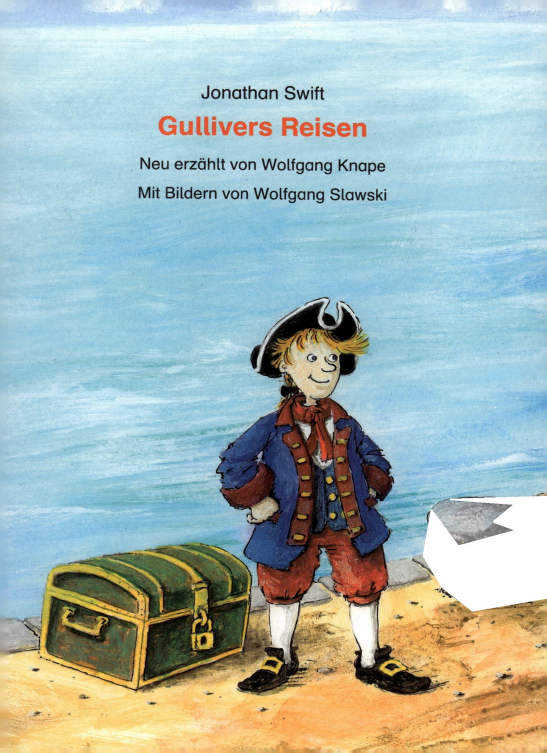

Gefangen in einem fremden Land

Ich stamme aus Nottingham in England. Mein Vater besaß dort ein kleines Landgut. Ich bin das dritte von fünf Kindern. Mein Name ist Gulliver. Lemuel Gulliver. Ich bin Wundarzt und fuhr viele Jahre zur See.

Von meinen abenteuerlichen Reisen könnte ich eine Menge berichten. Einige halten meine Erlebnisse einfach nur für Auswüchse meiner blühenden Fantasie. Doch ich versichere, dass alles der Wahrheit entspricht und sich so und nicht anders zugetragen hat.

Ich war 14, als mich mein Vater auf die Schule nach Cambridge schickte. Ich lernte leicht und gehörte schon bald zu den besten Schülern. Doch nach dem dritten Jahr konnte mein Vater das Schulgeld nicht mehr aufbringen. Er gab mich deshalb zu James Bates in die Lehre. Mister Bates war einer der berühmtesten Wundärzte von London. Ich lebte vier Jahre in seinem Haus. In dieser Zeit lernte ich alles Notwendige für meinen späteren Beruf als Arzt. Dank der Unterstützung eines Verwandten konnte ich dann doch noch studieren. Ich ging nach Holland. Die Universität von Leiden besaß einen ausgezeichneten Ruf. Anschließend heuerte ich als Arzt auf verschiedenen Schiffen an. So kam ich viel in der Welt herum. Mein besonderes Interesse galt den Sprachen und den Bräuchen

fremder Völker. An eine meiner letzten Reisen denke ich freilich mit Schaudern zurück: Wir erlitten Schiffbruch. Um ein Haar hätte mich der Ozean verschluckt. Nach meiner Rettung beschloss ich, ein ruhigeres Leben zu führen. Ich hatte geheiratet, hatte zwei fröhliche Kinder und eine fleißige Frau. Einige Zeit ging es gut. Doch dann liefen meine Geschäfte immer schlechter. Ich hatte zu wenige zahlende Patienten. Die Landleute waren ganz schön geizig, und die feinen Herren brachten ihre Ärzte aus London mit. Obwohl wir bescheiden lebten und meine Frau gut wirtschaften konnte, waren meine Ersparnisse bald aufgebraucht. Deshalb suchte ich im Hafen von Bristol nach einem neuen Schiff.

Am Kai lag die »Antilope«. Der Kapitän war ein alter Bekannter, und für die Reise in die Südsee suchte er noch einen Arzt. Wir wurden schnell einig, und er zahlte mir bereits die Hälfte des vereinbarten Lohnes. Davon konnte meine Familie gut leben, während ich unterwegs war.

Am 4. Mai 1699 stachen wir in See. Die »Antilope« machte gute Fahrt. Wir hissten sämtliche Segel, und meine Unterhaltung mit dem Kapitän war lehrreich und amüsant. Leider blieb es nicht so gemütlich. Sturm kam auf. Viele Tage trieb er uns vor sich her. Den Männern schwanden die Kräfte. Wir hatten kaum noch zu essen. Die schwächsten starben mir unter den Händen weg.

Am Morgen des 5. November tauchte wie aus dem Nichts ein Felsenriff vor uns auf. Wir erkannten die Gefahr zu spät. Das Schiff zerbarst in zwei Teile. Es gelang uns noch, das Rettungsboot zu bergen. Mit mir hatten nur fünf Männer das Unglück überlebt. Wir suchten ein rettendes Ufer. Doch vor Schwäche glitt uns das Ruder aus den Händen. Die Arme versagten den Dienst. Dann brachte eine Böe das Boot zum Kentern.

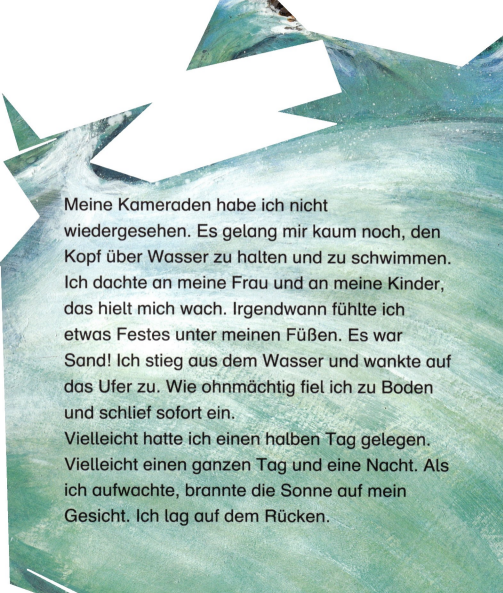

Meine Kameraden habe ich nicht wiedergesehen. Es gelang mir kaum noch, den Kopf über Wasser zu halten und zu schwimmen. Ich dachte an meine Frau und an meine Kinder, das hielt mich wach. Irgendwann fühlte ich etwas Festes unter meinen Füßen. Es war Sand! Ich stieg aus dem Wasser und wankte auf das Ufer zu. Wie ohnmächtig fiel ich zu Boden und schlief sofort ein.

Vielleicht hatte ich einen halben Tag gelegen. Vielleicht einen ganzen Tag und eine Nacht. Als ich aufwachte, brannte die Sonne auf mein Gesicht. Ich lag auf dem Rücken.

Ich war hungrig, aber noch größer war mein Durst. Ich wollte aufstehen. Doch irgendetwas hielt mich zurück. Ich versuchte, einen Arm zu bewegen. Es ging nicht. Ich probierte es mit dem anderen, und auch das gelang mir nicht. Wie ein fest verschnürtes Paket lag ich am Boden. Kleine Pflöcke waren um meinen Kopf herum eingeschlagen. Daran festgebunden waren meine Haare. Bei der geringsten Bewegung zerrte und ziepte es.

Meine Gedanken begannen, zu kreisen. Ich erinnerte mich an unseren Schiffbruch. An den Sturm. An die Wellentäler. An das Kentern des Bootes. Wo war ich? Und was war geschehen?

Als Riese in Liliput

Etwas Unbekanntes krabbelte an meinen Beinen empor. Es war, als würde eine Kompanie kleiner Käfer über meinen Körper marschieren! Ich lag gefesselt und konnte nur in den Himmel sehen. Auf einmal stand ein putziges Menschlein vor meinem Kinn! Es trug einen Köcher auf dem Rücken. Ein Bogen lag schussbereit in seiner Hand. Das Kerlchen war nur knappe 15 Zentimeter groß. Noch nie hatte ich ein so kleines Menschlein gesehen!
Hinter ihm tauchten weitere Schützen auf. Auch sie waren kaum größer als meine Hand. Es waren so viele. Das machte mir Angst. Ich brüllte deshalb wie ein Stier, den man zur

Schlachtbank führt. Das kleine Heer geriet in Panik. Es rannte zurück. Einige stießen dabei mit ihren Köpfen zusammen oder rammten sich ihre Lanzen in Bauch und Po. Der Anführer brachte sich mit einem Sprung von meinem Kinn in Sicherheit.

Doch kurze Zeit später kehrten sie zurück. Sie waren neugierig. Einer von ihnen stand jetzt direkt neben meinem Gesicht. Er studierte meine Bartstoppeln. Die Augen. Den Mund. Dann kletterte er auf meine Lippe und guckte mir ins Nasenloch.

»Hekinah degul!«, rief er voller Bewunderung. »Hekinah degul!«, wiederholten die anderen. Was das in ihrer Sprache bedeutete, wusste ich damals noch nicht.

Unterdessen war es mir gelungen, einige Pflöckchen aus dem Boden zu reißen. So konnte ich einen Arm von den lästigen Fäden befreien. Doch das passte den Kleinen gar nicht! »Tolgo phonac!«, schrien sie. »Tolgo phonac!« Und dann schossen sie ihre Pfeile auf

mich ab. Die schmerzten wie hundert Nadelstiche. Besonders hart traf es den befreiten Arm und mein Gesicht.

Ich zerrte noch einmal an den Fesseln. Sofort schwirrten wieder ihre Pfeile durch die Luft. Lanzenträger marschierten auf. Auch sie riefen: »Tolgo phonac! Tolgo phonac!« Dabei piksten sie mich kräftig in die Seiten.

Ich unterließ nun jeden weiteren Befreiungsversuch. Daraufhin stellten die Kleinen ihre Angriffe ein. Es mussten einige Hundert sein. Ich hörte sie in ihrer unbekannten Sprache brabbeln. Kommandos ertönten. Es wurde gehämmert, marschiert und gesägt. Ein Gerüst wuchs neben meinem Kopf in die Höhe. Als es fertig war, stieg ein hoher Würdenträger mit seinem Gefolge hinauf. Von der oberen Plattform aus sah er mir direkt ins Gesicht. »Lango dehul san!«, rief er und zeigte auf meinen Kopf. Einige Männer, die auf meiner Brust standen, zückten ihre Messer. Zuerst dachte ich, sie wollten mir die Kehle

durchschneiden. Doch dann rutschten sie an mir hinab und befreiten mein Haar! Ich konnte meinen Kopf wieder heben und drehen! Und jetzt sah ich, dass es einige Tausend waren, die mich umwimmelten! Ich wandte mein Gesicht dem Beamten zu. Ich riss den Mund auf und zeigte ihm meine Zunge. Dann rieb ich mit der befreiten Hand meinen Bauch.

Ich hatte kein Wort gesprochen, aber der Winzling verstand sofort, dass ich Hunger hatte und durstig war. Er schnarrte seine Kommandos. Und sofort rannte eine Schar Männer davon. Mit Körben beladen, kamen sie bald danach zurück. Sie legten Leitern an und kletterten auf meinen Leib. Dann trippelten die Träger hinauf zu meinem Kopf. Sie kippten winzige Schweinekeulen und Brote in meinen Mund. Gebratene Gänse, die kaum größer als

junge Sperlinge waren. Mini-Hühner. Mini-Hasen und sogar ein halbes Mini-Rind . . .
Gegen den Durst rollten mir vier von ihnen ein Weinfass in die Hand. Weil das aber sehr klein war, bat ich um Nachschub. Ich bekam noch ein zweites und drittes Fass. Die Klein-Menschen staunten. Einen solchen Vielfraß hatten sie noch nie gesehen!
Der Beamte entrollte ein Pergament, an dem viele Siegel hingen. Mit lauter Stimme verlas er den Inhalt. Und immer, wenn dabei die Worte »Liliput« und »Mildendo« vorkamen, verneigte er sich gen Osten, und die anderen machten es ihm nach. Da erriet ich, dass ich mich im Königreich Liliput befand und die Hauptstadt Mildendo hieß.

Die Liliputaner hatten ein starkes Schlafmittel in meinen Wein gemischt. Bald schlief ich fest wie ein Murmeltier. Diesen Zustand nutzten sie, um mich mit Winden und Seilen in die Höhe zu hieven. Dann wurde ich auf einen Spezialwagen gebettet. Der hatte 24 Räder und war ziemlich unbequem. Weit über tausend Pferde zogen mich durchs Land. Fünfzehnhundert Soldaten liefen neben mir her. Überall, wo wir entlangkamen, standen die Menschen dicht gedrängt am Wegesrand. Am nächsten Tag erreichten wir die Hauptstadt, und ich bekam den König zu Gesicht. Er ritt forsch heran und wollte sofort auf mich hinaufklettern. Ein Offizier hielt ihn zurück. Obwohl ich gefesselt war, hielt er mich für eine große Gefahr.

Ich wurde zum alten Tempel gebracht. Der stand leer und war das größte Bauwerk der Stadt. Schmiede zogen Ketten durch das Fenster und schlossen eines meiner Beine damit an. Dann zerschnitten sie meine alten Fesseln. Die »Oh!«- und die »Ah«-Rufe nahmen

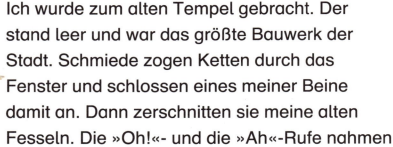

kein Ende, als ich mich erhob. Endlich konnte ich wieder aufstehen und mich ein Stück bewegen! Ich ging ein paar Schritte nach vorn und ein paar Schritte zurück, so wie es die Ketten zuließen. Dann kroch ich auf allen vieren in mein Haus. Ich warf mich verzweifelt auf den Boden. Nach den Anstrengungen der letzten Tage sank ich sofort in tiefen Schlaf.

Die Reise nach Blefuscu

Die Kunde von dem »Großen Menschenberg«, wie man mich hier nannte, verbreitete sich wie ein Lauffeuer in ganz Liliput. Aus allen Landesteilen eilten die Menschlein herbei, um mich zu sehen!

Inzwischen wurde jeder bestraft, der auf mir herumtrampelte oder mich foppte. Dennoch kamen mir einige Besucher gefährlich nahe. Manch einer versuchte, mir eine Bartstoppel aus dem Kinn zu ziehen, die hier so groß wie eine Zaunlatte war! Andere schossen Pfeile auf mich ab. Einmal setzten die Wachen fünf gefesselte Missetäter in meinen Hof. Vier steckte ich in meine Tasche.

Den zappelnden fünften schwenkte ich vor meinem Mund. Er glaubte, ich würde ihn fressen. Doch ich zerbiss nur seine Fesseln und gab ihn frei.

Meine Großherzigkeit sprach sich schnell herum. Die Menschen verloren ihre Furcht. Kinder spielten in meinen Haaren Verstecken. Der König besuchte mich oft. Er schickte sogar Lehrer zu mir, damit ich die Sprache erlernte. Liliputanisch war gar nicht so schwer! Schon nach wenigen Wochen führte ich mit dem König ein erstes Gespräch.

Bei dieser Gelegenheit bat ich ihn, mir meine Freiheit wiederzugeben. Er versprach, das zu gegebener Zeit auch zu tun.

Mein schärfster Gegner bei Hofe war der Großadmiral. Er legte auch die Bedingungen für meine Freilassung fest. Ich durfte das Königreich nicht von mir aus verlassen. Außerdem musste ich den Postreiter an entlegene Orte tragen und im Eierstreit an der Seite von Liliput stehen. Blefuscu und Liliput befanden sich nämlich im Eier-Krieg! Der König von Liliput hatte seinen Untertanen bereits vor langer Zeit verboten, die Frühstückseier wie bisher am stumpfen Ende aufzuschlagen. Daraufhin flohen viele Stumpfender nach Blefuscu und rüsteten ein großes Heer.

Von mir erwartete man strikten Gehorsam. Ich unterschrieb jede Forderung, und man nahm mir die Ketten ab. Endlich konnte ich mich wieder frei bewegen! Ich durfte auch durch die Hauptstadt gehen, wenn niemand auf der Straße war.

Das prachtvollste Gebäude war der Königspalast. Oft lag ich träumend davor und sah in die vielen Fenster und Säle. Betreten durfte ich den Palast nicht. Dafür war ich viel zu groß.

Eines Tages stand eine Rauchwolke über dem Schloss. Flammen schlugen aus dem Schlafgemach der Königin! Zum Glück hatte ich gerade einen Kessel Kräutertee und Wein getrunken! Ich öffnete also meinen Hosenschlitz und ließ einen prächtigen Strahl über den königlichen Palast rieseln. Damit spritzte ich die Flammen im Schlafzimmer der Königin aus. Als die Hof-Feuerwehr eintraf, war der Brand schon gelöscht. Noch am gleichen Abend zeichnete mich der König mit dem Orden »Goldene Flamme am breiten Hosenband« aus. Allerdings war die Königin von meiner Löschaktion nicht begeistert. Sie weigerte sich, ihre Schlafgemächer jemals wieder zu betreten.

Die größte Gefahr drohte dem Land aber von außen. Liliput befand sich wieder einmal mit Blefuscu im Krieg. Wie Blefuscu, so war auch Liliput ein Inselreich. An die Existenz anderer Länder glaubte man nicht. Als ich den königlichen Gelehrten einmal von Europa erzählte, lachten sie mich aus. Und als ich ihnen sagte, dass ihre Kühe viel kleiner als unsere Ratten seien, fielen sie vor lauter »Hoho!« und »Hihi!« beinahe vom Stuhl! Für meine Herkunft hatten sie eine einfache Erklärung: Ich war durch ein Loch im Himmel gefallen. So einfach war das.

Eines Morgens herrschte großes Durcheinander in der Stadt. Die Flotte der Spitzender lag angriffsbereit in einer Bucht. Ich nahm Haken und Taue und schlich mich unbemerkt heran.

Dass es in Liliput einen Riesen gibt, wusste man in Blefuscu noch nicht. Reihenweise fielen deshalb die Soldaten um, als ich vor ihnen aus dem Wasser stieg! Die übrigen sprangen schreiend von ihren Schiffen. Ich nutzte die Gelegenheit, um meine Haken und Fäden an ihren Schiffen zu befestigen. Dann zog ich die gesamte Armada nach Liliput!
Der König war außer sich vor Freude! Das Volk rief begeistert: »Hurra! Hoch, hoch! Hurra!« Nur der Großadmiral blickte grimmig.

Der König wollte, dass ich ihm auch noch die restlichen Schiffe bringe. Das lehnte ich ab. Man müsse dem Besiegten nicht alles nehmen, sagte ich zum König. Dann ging ich in mein Haus.

Bald darauf erschien eine Delegation aus Blefuscu und bat um Frieden. Ich riet Seiner Majestät, Großmut gegenüber dem alten Feind zu zeigen und ihn nicht zu hart zu bestrafen. Als die Gesandten erfuhren, dass ich mich für sie eingesetzt hatte, wollten sie mich kennenlernen und mir danken. Wir unterhielten uns höchst angenehm und schieden in bestem Einverständnis. Wenig später erhielt ich eine Einladung nach Blefuscu.

Ich traf gerade meine Vorbereitungen, als mich ein Beamter des Königs besuchte. Der Mann hatte eine Geheimsitzung des Staatsrates belauscht. Was ich jetzt erfuhr, traf mich wie ein Keulenschlag: Ich war vom Großadmiral des Hochverrates angeklagt worden, weil ich die feindlichen Gesandten freundlich empfangen und den Rest ihrer Flotte nicht geholt hatte. Der Großadmiral habe die Todesstrafe für mich gefordert. Doch der König hätte an meine Verdienste erinnert und vorgeschlagen, mich stattdessen zu blenden.

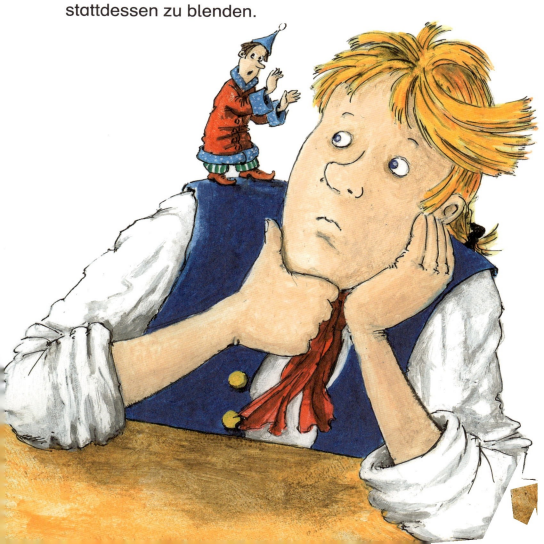

Ich dankte dem treuen Beamten. Und als wäre nichts geschehen, trat ich am nächsten Morgen meine Reise nach Blefuscu an. Dort wurde ich mit höchsten Ehren empfangen. Ich blieb einige Tage. Lust zur Rückkehr verspürte ich nicht. Da traf eine Botschaft aus Liliput ein. Der König von Blefuscu wurde aufgefordert, mich gefesselt zur Grenze zu bringen. Im Falle einer Weigerung werde man Blefuscu in Schutt und Asche legen. Der König bot mir sofort Asyl an. Mit schweren Gedanken ging ich hinunter ans Meer. Da entdeckte ich weit draußen einen treibenden Gegenstand. Ich sah durch mein Fernrohr: Es war ein gekentertes Boot! Vom König erbat ich mir die restlichen Schiffe. Und die stärksten Seile. Und 3 000 Mann.

Damit holte ich das Boot an Land.
Nach Liliput konnte ich nicht mehr zurück. Einen neuen Krieg wollte ich nicht riskieren. Also weihte ich den König von Blefuscu in meine Pläne ein: Ich würde nach Hause fahren. Der Fund kam zur rechten Zeit!
Ein Boot von dieser Größe hatte man hier noch nie gesehen! Vielleicht, so dachte der König, gab es doch noch andere Riesen und eine Insel, die England hieß. Er half mir, das Boot wieder seetüchtig zu machen. Allein 500 Arbeiter nähten die Segel für mich. Ich brachte Proviant an Bord. Außerdem Wasser und Heu, denn ich hatte beschlossen, einige Kühe und Stiere mitzunehmen sowie Schafe und Böcke für eine eigene Zucht.

Gern hätte ich auch einige Bewohner von Blefuscu bei mir gehabt. Doch deren Mitnahme hatte mir der König untersagt.

Am 24. September 1701 nahm ich Abschied. Am dritten Tag entdeckte ich kurz vor Einbruch der Dunkelheit am Horizont ein Schiff. Ich versuchte, in seine Nähe zu kommen. Später hörte ich einen Kanonenschlag. Man hatte mich entdeckt!
Am nächsten Morgen wurde ich mit meinen Habseligkeiten an Bord gezogen. Es war ein englisches Schiff, das sich auf der Heimreise von Japan befand. Der Kapitän bat mich, von meinen Abenteuern zu berichten. Ich erzählte ihm von unserem Schiffbruch. Von Blefuscu und Liliput. Als ich ihm Kühe beschrieb, die so groß wie Ratten waren, und die Menschlein schilderte, die nicht größer als meine Hand waren, hielt er mich für verrückt. Da holte ich meinen Stier aus meiner Tasche und ließ meine Schafe über den Kajütentisch laufen.

Dem Kapitän traten bei diesem Anblick beinahe die Augen aus dem Kopf. Er wollte etwas sagen, brachte aber kein Wort heraus.

Am Walpurgistag 1702 erreichten wir England. Ich hätte dem Kapitän zum Abschied gern ein Mutterschaf geschenkt. Doch das war ihm noch immer nicht geheuer, und er lehnte höflich ab. Mit meiner kleinen Menagerie machte ich mich auf den Weg nach Hause.
Meine Frau war froh, mich wiederzusehen. Von meinen Geschichten wollte sie nichts hören.

Doch meine Kinder John und Betty fragten mir Löcher in den Bauch! Dass die Liliputaner von rechts unten nach links oben schrieben, fanden sie großartig. Und als Betty meinte, dass wir unseren Mini-Zoo auf Jahrmärkten zeigen sollten, fand ich diesen Vorschlag einfach genial.

Die Reise ins Reich der Riesen

Zwei Monate blieb ich bei meiner Familie. Dann zog es mich wieder in die Welt hinaus. Meine Frau versuchte, mich zurückzuhalten. John und Betty heulten. Unser Hund wurde krank, als er mich packen sah.

Im Hafen lag ein stolzer Dreimaster. Der Kapitän kam aus Cornwall und wollte nach Indien. Ein Platz war noch frei. Am 20. Juni 1702 stachen wir in See. Ein günstiger Wind brachte uns gut voran. Am Kap der Guten Hoffnung gingen wir erstmals vor Anker. Wir brauchten Wasser und Proviant. Der Zimmermann untersuchte das

Schiff und entdeckte ein Leck. Die Reparatur dauerte lange. Erst Ende März setzten wir unsere Reise fort. Nach ein paar Tagen zog ein Unwetter auf und nahm stündlich an Heftigkeit zu. Die Wellenberge hatten die Höhe der Kirchtürme in England. Um nicht von Bord gespült zu werden, banden wir uns an die Masten. Einen solchen Sturm hatte noch keiner von uns erlebt. Wir wurden weit von unserem Kurs abgetrieben. Nicht einmal der erfahrenste Matrose wusste, in welchem Winkel der Welt sich das Schiff befand. Proviant besaßen wir noch ausreichend. Doch um das Trinkwasser war es schlecht bestellt. Eines Morgens weckte uns der Junge aus dem Mastkorb. Er hatte Land entdeckt! Bald konnten wir es mit bloßem Auge sehen.

Wir ankerten zwei Meilen vor der Küste. Das Großboot wurde ausgesetzt. Der Kapitän hatte mir erlaubt, mitzufahren. Eine Gruppe bewaffneter Männer begab sich mit Fässern und Krügen an Land und ging auf Wassersuche.

Ich erkundete inzwischen die Umgebung. Nach zwei Stunden kamen die Männer zurück. Wasser hatten sie nicht entdeckt. Sie rasteten kurz und zogen noch einmal los. Auch ich unternahm einen zweiten Ausflug, machte aber bald kehrt. Als ich zum Strand kam, stockte mir der Atem! Fässer und Krüge lagen am Ufer! Das Boot war bereits auf dem Wasser, die Männer waren ohne mich abgefahren! Was war geschehen? Ich riss mir das Hemd vom Leibe. Ich winkte und schrie. Doch niemand nahm

Notiz von mir. Meine Leute ruderten, als wäre ihnen der Teufel auf den Fersen.
Da krachte und donnerte es. Der Boden bebte. Der Himmel verdunkelte sich. Ein riesiger Schuh stürzte an mir vorbei. Er gehörte zu einem Bein und das Bein zu einem Ungetüm. Und das rannte gerade dem Boot nach. Als dem Riesen das Wasser bis zum Knie stand, trottete er zurück. Jetzt musste ich mich in Sicherheit bringen. Ich erklomm eine Hügelkuppe und sah, dass ich inmitten riesiger Äcker stand. Ich folgte einem Weg, der durch ein Getreidefeld führte.

Die Halme waren dreißigmal höher
als ich. Am Ende stand ein anderer Riese.
Später erfuhr ich, dass er der Pächter war. Er
zeigte seinen Arbeitern, wo sie mit der Arbeit
beginnen sollten. Und schon hörte ich das
Rauschen der Sensen. Das Zischeln der
Sicheln. Das Schnaufen der Schnitter. Ich
rannte zurück. Plötzlich versperrten mir
umgeknickte Halme den Weg. Wohin sollte ich
fliehen? Und was konnte ich tun? Die Leute von
Liliput fielen mir ein. Für sie war ich der Riese

gewesen. Dennoch hatten sie mich neugierig bestaunt. Konnte es nicht auch sein, dass hier ein Großer einmal einen Kleinen verschont? Ein Schnitter tauchte über mir auf. Ich schrie, so laut ich konnte. Das zeigte Wirkung. Der Kerl blieb stehen und sah sich nach dem Stimmchen um. Als er mich entdeckte, bückte er sich und betrachtete mich voller Interesse. Dann hob er mich mit zwei Fingern empor. Sämtliche Rippen taten mir weh. Mir wurde schwindlig. Er schnüffelte an mir. Dann steckte er mich in seine Jackentasche und trug mich zu seinem Herrn. Der Pächter kratzte sich lange am Kopf. Einen solchen Winzling hatte auch er noch nie gesehen. Nachdem er mich von allen Seiten betrachtet hatte, stellte er mich auf den Boden. Weglaufen war sinnlos. Ich kreuzte meine Beine und setzte mich einfach hin. Die Riesen machten es mir lachend nach. Daraufhin erhob ich mich. Ich zog meinen Hut und richtete eine kleine Ansprache auf Englisch an die Versammelten. Die wiederholte ich auf

Portugiesisch und Persisch, auf Spanisch, Liliputanisch, Dänisch und Deutsch. Doch obwohl die Riesen so große Köpfe hatten, verstanden sie mich nicht.

Zum Glück hielt mich der Pächter nicht für einen Käfer, den man aufspießen, rösten und essen konnte. Er fand, dass ich ein intelligentes Wesen sei. Ich musste mich auf sein Taschentuch setzen. Dann verknotete er die Enden und trug mich wie ein Überraschungspäckchen nach Hause zu seiner Frau.

Gulliver bekommt eine Familie

Bei den Riesen war gerade Mittagszeit. Der Pächter stellte das Bündel auf den Tisch. Als mich seine Frau erblickte, quiekte sie auf wie ein Ferkel und rannte hinaus. Sie hatte mich wohl für eine Kröte oder einen Mistkäfer gehalten. Der Pächter holte sie lachend zurück. Ich zog wieder meinen Hut und machte ihr einige Komplimente. Da bemerkte sie, was für ein nettes Kerlchen ich war, und schloss mich in ihr Herz.
Die Magd trug das Essen auf. Die Schüssel war so groß wie ein Dreschplatz. Die Hausfrau legte ein winziges Fleischstück und ein Gemüslein vor mich hin. Ich holte meine Reise-Gabel und mein Reise-Messer heraus und begann, mit

großem Appetit zu speisen. Dieser Anblick war für die Riesen recht erheiternd. Die alte Großmutter bekam einen Schluckauf vor Lachen. Der Hausherr wischte sich die Tränen weg. Den Kindern klappte die Kinnlade herunter. Nach dem Essen reichte mir die Hausfrau ein Trinkgefäß. Es hatte die Größe eines Wassereimers, war aber in Wahrheit ihr Fingerhut. Der Inhalt schmeckte wie Apfelwein. Nach dem dritten Schluck aus dem

Hütchen begann ich, zu tanzen. Nach dem vierten stolperte ich über ein Essbesteck.
Das Kindermädchen kam herein. Auf dem Arm trug es das Jüngste. Das grapschte sofort nach mir und stopfte mich in seinen Mund. Ich schrie aus vollem Halse. Da spuckte mich der Lümmel in hohem Bogen wieder aus. Die Hausfrau fing mich in ihrer Schürze auf. »Schluss jetzt! Das Menschlein braucht Ruhe!«, sagte sie streng und legte mich auf ihr Bett. Ich schlief umgehend ein. Ich träumte von England und traf meine Frau. Die küsste und schleckte mich, denn wir hatten uns lange nicht gesehen. Als es mir zu viel wurde, wollte ich sie fortschieben. Aber es gelang mir nicht, sie war schwerer als sonst. Und dann biss sie mich auch noch ins Ohr!
Da wachte ich auf. Ich befand mich auf dem Bett der Riesin. Aber ich war nicht allein! Zwei Ratten rückten mir zu Leibe. Die eine schlug mir mit ihrer Kralle mitten ins Gesicht. Die andere wollte schon wieder an mein Ohr. Zum Glück hatte ich meinen Degen dabei!

Ich schlitzte der größeren den Bauch auf. Die kleinere sauste pfeifend davon. In diesem Augenblick erschien meine Herrin. Stolz zeigte ich ihr den tropfenden Degen und die tote Rattin im Bett. Sie war sehr froh, dass mir nichts passiert war, und drückte mich auf ihren Mund.

Ich gewöhnte mich schnell an das Leben bei den Riesen. Besonders mochte ich die Tochter des Pächters. Sie war erst neun. Nachts schlief ich in ihrem Puppenbett. Meine Freundin lehrte mich viele Dinge. Sie brachte mir auch die Sprache der Riesen bei. Weil ich so winzig war, nannte sie mich »Grildrig«, was bei den Riesen »kleines Menschlein« bedeutet. Ich sagte hingegen »Glumdalclitch« zu ihr. Das war das Wort für »kleine Pflegemutter«.

Es hatte sich herumgesprochen, dass mein Herr ein Geschöpf auf seinem Felde gefunden hatte, das wie ein Miniaturmensch aussah und reden konnte. Einmal brachte er einen anderen Pächter mit. Der wollte mich sehen. Mein Herr stellte die Schublade, in der sich mein Haus befand, auf den Tisch. Ich trat heraus und begrüßte den Gast. Dann zeigte ich ihm einige Übungen mit dem Degen und verschwand danach wieder.

Der Mann riet meinem Herrn, mich für Geld auf dem Jahrmarkt zu zeigen. Also bekam ich eine Reisekiste. Die trug Glumdalclitch an ihrem Gürtel. Am nächsten Markttag stieg sie zu ihrem Vater aufs Pferd, und wir ritten in die Stadt. In einem Gasthof nahmen wir Quartier, und mein Herr besprach sämtliche Einzelheiten mit dem Wirt.

Meine Behausung wurde nun auf einen großen Tisch gestellt, damit mich alle sehen konnten. Sobald Glumdalclitch nach mir rief, trat ich aus der Tür und verbeugte mich nach allen Seiten. Dann leerte ich den Fingerhut, den sie mir reichte, und präsentierte verschiedene Übungen mit meinem Degen. Ich beantwortete Fragen, gab noch drei, vier Kunststücke zum Besten und ging wieder ins Haus.

Als mein Herr sah, wie viel Geld er mit mir verdienen konnte, beschloss er, das gesamte Königreich zu bereisen! Wir hielten in jedem Dorf, wir blieben in jeder Stadt. Meine kleine Pflegemutter wachte darüber, dass ich ausreichend Schlaf hatte. Trotzdem war es anstrengend, und ich wurde schwächer und schwächer. Nach drei Monaten kamen wir in die Hauptstadt von Brobdingnag. Ihr Name war Lorbulgrud. Bis zu 20 Auftritten hatte ich hier am Tag. Mein Herr aber sah nur noch das verdiente Geld.

Eines Abends erschien ein Bote im Quartier. Die Königin verlangte, mich zu sehen. Wir folgten dem Reiter ins Palais. Meine Aufführung machte dort großen Eindruck. Im Anschluss stellte mir die Königin Fragen über meine Herkunft. Über meine Reisen und mein Vaterland. Schließlich wollte sie wissen, ob ich nicht in ihre Dienste treten wolle. Darauf entgegnete ich: »Ach, Majestät! Ich täte nichts lieber als das! Doch ich gehöre jenem Herrn. Und ohne meine Lehrmeisterin täte ich ohnehin keinen Schritt.«

Da winkte die Königin meinen Patron heran. Der verlangte eine sehr hohe Summe für mich. Die bekam er auch. Und dass seine Tochter bei Hofe bleiben sollte, war ihm sehr recht. Als gemachter Mann verließ er den Palast. Ich aber blieb mit Freuden zurück. Und dass ich mich von Glumdalclitch nicht trennen musste, empfanden wir beide als großes Glück!

Gullivers Leben am Königshof und seine Heimkehr

Die Königin trug mich zu ihrem Gemahl. Der König hielt mich zunächst für ein Spielzeug mit Laufwerk oder für ein Murmeltier. Als ich ihn dann in seiner Sprache anredete, glaubte er, mein früherer Besitzer habe mir das eingebläut, um mich recht teuer verkaufen zu können. Ich protestierte heftig und bat den König, mir einige Fragen zu stellen. Meine klaren Antworten erstaunten ihn. Er ließ drei Gelehrte kommen. Die untersuchten mich. Ein Zwerg konnte ich nicht sein, denn der Hof-Zwerg war neun Meter groß. Eine Frühgeburt schloss man ebenfalls aus. Man hatte Bartstoppeln an meinem Kinn

entdeckt. Schließlich hieß es, ich sei eine
»Fantasiegestalt der Natur«. Mir standen die
Haare zu Berge, als ich diesen Unsinn hörte! Ich
erklärte den Gelehrten, dass es dort, wo ich zu
Hause sei, Millionen Menschen von meiner
Größe gebe. Und alles, was dort existiere,
stünde im rechten Verhältnis zu mir. Da kicherten
sie, denn was gelehrte Männer nicht kennen,
existiert auch nicht für sie. Der König aber
begann, zu ahnen, dass ich etwas Besonderes
sei. Er ordnete an, dass mir jeder mit Achtung zu
begegnen habe. Und dass Glumdalclitch meine
Lehrerin bleiben und für mich sorgen soll. Den
Tischler ließ er ein Haus für mich bauen, ganz
nach meinem Wunsch. Die Möbel fertigten die
königlichen Kunsthandwerker an. Für besonders
gelungen hielt ich das Sofa.
Auf ihm ruhte ich täglich
von zwei bis vier.

Das Mittagsmahl nahm ich in Gesellschaft der Königin ein. Ich saß dann neben ihrem Teller an einem eigenen Tisch. Es war für uns beide sehr amüsant, wenn sie mit ihrer großen Gabel und ich mit meinem winzigen Gäbelchen aß. Es verblüffte mich auch immer wieder, welche Geräusche eine so große und schöne Dame von sich geben konnte, sobald sie speiste, verdaute und trank.

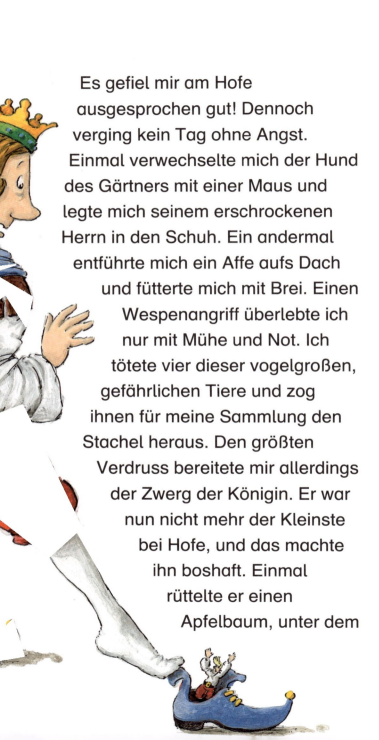

Es gefiel mir am Hofe ausgesprochen gut! Dennoch verging kein Tag ohne Angst. Einmal verwechselte mich der Hund des Gärtners mit einer Maus und legte mich seinem erschrockenen Herrn in den Schuh. Ein andermal entführte mich ein Affe aufs Dach und fütterte mich mit Brei. Einen Wespenangriff überlebte ich nur mit Mühe und Not. Ich tötete vier dieser vogelgroßen, gefährlichen Tiere und zog ihnen für meine Sammlung den Stachel heraus. Den größten Verdruss bereitete mir allerdings der Zwerg der Königin. Er war nun nicht mehr der Kleinste bei Hofe, und das machte ihn boshaft. Einmal rüttelte er einen Apfelbaum, unter dem

ich gerade stand. Und die fast kürbisgroßen
Äpfel prasselten wie Kanonenkugeln auf mich
herab. Ein andermal schubste er mich in eine
Sahneschüssel. Um ein Haar wäre ich dabei
erstickt. Nach diesem Vorfall wurde er
entlassen, und es trat ein wenig Ruhe ein.

Ich hatte der Königin oft von meinen
Navigationskünsten erzählt. Den Beweis dafür
hatte ich ihr allerdings schuldig bleiben müssen.
Es gab kein geeignetes Boot für mich in
Brobdingnag. Eines Tages schickte sie mir den

Hoftischler. Er sollte einen großen Bottich anfertigen und dazu, passend für mich, ein Boot! Als es fertig war, ging ich an Bord. Die Hofdamen fächerten mir den Wind in die Segel. Die Pagen bliesen ihre Backen auf. Der gesamte Hof bestaunte begeistert mein seemännisches Geschick!

Im dritten Jahr meines Aufenthaltes unternahm das Königspaar eine längere Reise. Glumdalclitch und ich begleiteten sie. Ich saß in einer besonders edel ausgestatteten Reisekiste, die im Grunde mein Wohnzimmer war. In der Decke befand sich eine kleine Öffnung zum Lüften. Nachts konnte ich die Sterne sehen. Nach ein paar Tagen erreichten wir die Küste. An diesem Tag fühlte Glumdalclitch sich nicht wohl. Ein Diener trug deshalb mein Haus zum Strand. Ich bat ihn, Türen und Fenster zu schließen. Ich lauschte den Wellen und legte mich in mein Hängebett. Nach einiger Zeit begann mein Haus zu schaukeln. Was war das?

Ich spähte aus dem Fenster. Ich befand mich in der Luft! Ich flog! Sofort stieg ich auf das angeschraubte Zimmertischchen und öffnete die Klappe. Etwas Riesenhaftes, Gefiedertes schwebte direkt über mir. Es war ein Seeadler! In seinen Klauen hielt er die Kiste und mich!

Ein vielstimmiges Kampfgeschrei holte uns ein. Andere Räuber wollten ihm seine seltsame Beute abjagen. Schnell schloss ich die Luke. Und schon sauste meine Wohnung im freien Fall aufs Meer und landete mit einem lauten Platsch in den Wellen! Zum Glück ging sie dabei nicht entzwei! Ich betastete sofort meine Beulen und Glieder. Ein Kissen hatte mich vor dem Schlimmsten bewahrt. Ich öffnete die Luke. Kein Adler war über mir. Nur Himmel. Himmel und ringsum das weite, weite Meer. Ich knotete mein Taschentuch an einen Stock und schob ihn oben aus der Luke hinaus. Ich hatte kein Brot und kein Wasser. Ich war verzweifelt und schlief irgendwann ein.

Als ich aufwachte, raste mein Haus mit großer Geschwindigkeit über das Meer. Wer oder was zog mich da? Und vor allem: Wohin? Dann verlangsamte sich die Fahrt. Meine Kiste wurde langsam emporgehoben, geschwenkt und abgestellt. Nun vernahm ich Stimmen und Schritte. Ein Gesicht tauchte über der Luke auf.

Und zum ersten Mal seit vielen Jahren redete jemand in meiner Sprache zu mir. Ich wurde herausgezogen, begrüßt, gerüttelt und geknufft. Verwirrt sah ich meine Retter an. Ich hatte so lange unter Riesen gelebt, dass mir die eigenen

Leute nun wie Zwerge vorkamen! Als ich mich erholt und gestärkt hatte, vertraute ich dem Kapitän meine Geschichte an. Er hörte mir aufmerksam zu. Meine Geschichte glauben konnte er aber nicht. Seine Leute hatten jedoch das Inventar meines schwimmenden Zimmers gerettet und an Bord gebracht. Ich zeigte dem Kapitän die Stacheln der Wespen. Den Ring vom kleinen Finger der Königin. Das Hühnerauge, das ich einer Hofdame entfernt hatte. Den Backenzahn eines Dieners, auf dem man sogar sitzen konnte.
Der Kapitän war fassungslos. Als wir uns trennten, schenkte ich ihm den Zahn. Er lieh mir Geld für ein Mietpferd, denn ich wollte schnell nach Hause zu meiner Familie in Redriff.

Als ich meine Frau wiedersah, meinte ich, eine Zwergin im Arm zu halten. Und als ich sie küssen wollte, neigte ich meinen Kopf bis an ihr Knie, weil ich an dieser Stelle ihre Lippen vermutete. Meine Kinder fand ich zunächst nicht. Sie standen jedoch direkt vor mir. Ich aber suchte sie hoch über mir wie im Riesenland. Nur langsam gewöhnte ich mich wieder an das Leben in England. Meine Frau verlangte, dass ich daheimbleiben und nie wieder auf Reisen gehen solle. Ich hing sehr an ihr. Doch so wahr ich Lemuel Gulliver heiße, das konnte ich nun wirklich nicht versprechen . . .

Vorschule/ 1. Klasse

Die Freunde im Zauberwald
Der gestohlene Hexenkoffer
ISBN 978-3-401-09584-4

Ponyfee und die Reise an das Ende des Regenbogens
ISBN 978-3-401-09598-1

Du bist mein bester Freund, kleiner Delfin
ISBN 978-3-401-09692-6

Ponyfee und das verzauberte Karussell
ISBN 978-3-401-09674-2

Ab 5 Jahren

1. Lesestufe
Wir lesen zusammen
Eine Geschichte zum gemeinsamen Lesen: der Erwachsene liest vor, das Kind liest weiter

Nach dem Buchstabenlehrgang macht zusammen Lesen und Vorlesen mehr Spaß. Leserätsel erleichtern das Leseverständnis, das Suchbild regt dazu an, die Geschichte nachzuerzählen. Denn Kinder die viel sprechen, lernen leichter Lesen. So ist das Lesenlernen kinderleicht.

- Symbol zum Vorlesen für den erfahrenen Leser
- Leserätsel zur Überprüfung des Textverständnisses
- Gut erkennbare Schrift für den Vorleser

Vorleseseite

Innenseite aus „Die Freunde im Zauberwald"

Mit Leserätseln und großem Suchbild

- Symbol zum Selbstlesen auf den Kinderseiten
- Große Fibelschrift und kurze Zeilen
- Viele farbige Bilder

Seite zum Selbstlesen

Innenseite aus „Die Freunde im Zauberwald"

Vorschule / 1. Klasse

Selma und die verflixten Zaubersprüche
ISBN 978-3-401-09528-8

Kleine Blumenelfe Tilia
ISBN 978-3-401-09433-5

Jan und die Superkicker
ISBN 978-3-401-09521-9

Pelle auf großer Fahrt
ISBN 978-3-401-09309-3

Ab 5/6 Jahren

1. Lesestufe
Allererstes Lesen
Kurze Geschichten zum allerersten Selberlesen

Die Reihe „Allererstes Lesen" ist auf die Fähigkeiten von Leseanfängern abgestimmt: übersichtliche Leseeinheiten und kurze Zeilen sind ideal zum Lesenlernen. Die ausdrucksstarken Bilder unterstützen zudem das Textverständnis.

- Große Fibelschrift und Zeilentrennung nach Sinneinheiten
- Einfache Geschichten mit kurzen Zeilen
- Viele farbige Bilder
- Mit Bilder- und Leserätseln

Mit Leserätseln und Glitzerstickern

Innenseite aus „Pelle auf großer Fahrt – Wikingergeschichten"

Jeder Band: Ab 5/6 Jahren • Allererstes Lesen • Durchgehend farbig illustriert
48 Seiten • Gebunden • Format 17,5 x 24,6 cm
Mit Bücherbär am Lesebändchen und Glitzersticker-Bogen

1. Klasse

Detektivgeschichten
ISBN 978-3-401-09481-6

Spannende Baumhausgeschichten
ISBN 978-3-401-08755-9

Ballerinageschichten
ISBN 978-3-401-09434-2

Zauberponygeschichten
ISBN 978-3-401-09427-4

Mit Fragen zum Leseverständnis

Ab 6 Jahren

2. Lesestufe
Kleine Geschichten
Kurze Geschichten zu einem beliebten Thema

Die kurzen Geschichten rund um ein beliebtes Thema sind besonders gut zum allerersten Selberlesen. Durch die klare Textgliederung und die vielen farbigen Illustrationen ist das Lesen ganz leicht.

- Große Fibelschrift
- Sehr einfache Textgliederung für das erste Lesejahr
- Hoher Illustrationsanteil
- Zeilentrennung nach Sinneinheiten

Innenseite aus „Abenteuerinsel-Geschichten" ISBN 978-3-401-08873-0

Jeder Band: Ab 6 Jahren • Kleine Geschichten • Durchgehend farbig illustriert
48 Seiten • Gebunden • Format 15,9 x 21,1 cm • Mit Bücherbär am Lesebändchen

Eine Geschichte für Erstleser

1. Klasse

Der Bücherbär
Eine Geschichte für Erstleser

Tomma und die Mäusepension
ISBN 978-3-401-09686-5

Das Geheimnis der Dinospur
ISBN 978-3-401-09428-1

Lea und die Schwimmwette
ISBN 978-3-401-09437-3

Zusammen sind wir stark
ISBN 978-3-401-09592-9

Ab 6 Jahren

2. Lesestufe

Eine Geschichte für Erstleser
Erstes Lesen ganz leicht

Für geübte Leseanfänger ist eine längere durchgehende Geschichte genau das Richtige! Mit der großen Schrift, den kleinen Kapiteln und den vielen farbigen Bildern macht das erste Lesen viel Spaß.

- Eine kleine Geschichte in kurzen Kapiteln für das erste Lesejahr
- Klare Textgliederung
- Große Fibelschrift
- Mit Extra-Leseübungsheft

Innenseite aus „Das Geheimnis der goldenen Schlangen" ISBN 978-3-401-08927-0

Jeder Band: Ab 6 Jahren • Eine Geschichte für Erstleser • Durchgehend farbig illustriert
48/56 Seiten • Gebunden • Format 15,9 x 21,1 cm • Mit Bücherbär am Lesebändchen und Leseübungsheft

LeseProfi

2. Klasse

Nele träumt vom Reiten
ISBN 978-3-401-09085-6

Siri, die Montagsfee und der Traumtänzer
ISBN 978-3-401-09094-8

Die Schulvampire – Höhlenspuk und Knoblauchduft
ISBN 978-3-401-09718-3

Die Torjäger – Sieben Freunde für ein Tor
ISBN 978-3-401-09489-2

Ab 7 Jahren

3. Lesestufe

LeseProfi
Eine Geschichte für geübtere Leser

Hier brauchen geübtere Leser einen längeren Atem. Aber schließlich sind sie ja schon richtige Leseprofis, die eine durchgehende Geschichte prima meistern.

- Klare Textgliederung mit Zeilentrennung nach Sinnschritten
- Große Fibelschrift
- Hoher Illustrationsanteil
- Eine Geschichte für fortgeschrittene Erstleser

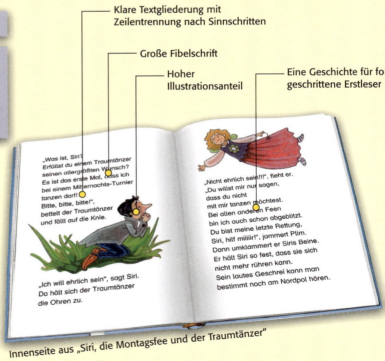

Innenseite aus „Siri, die Montagsfee und der Traumtänzer"

Jeder Band: Ab 7 Jahren • LeseProfi • Durchgehend farbig illustriert • 72 Seiten
Gebunden • Format 15,9 x 21,1 cm • Mit Bücherbär am Lesebändchen

2. Klasse

Baumhausgeschichten
ISBN 978-3-401-09430-4

Wikingergeschichten
ISBN 978-3-401-09652-0

Vampirgeschichten
ISBN 978-3-401-09472-4

Ballettgeschichten
ISBN 978-3-401-08909-6

Ab 7 Jahren

4. Lesestufe
LeseSafari
Kurze Geschichten zu einem beliebten Thema

- Kurze Geschichten zu einem Thema für fortgeschrittene Leser
- Hoher Illustrationsanteil
- Fibelschrift

Innenseite aus „Pferdegeschichten" ISBN 978-3-401-08907-2

Geübtere Leser sollten mal auf Safari gehen! In mehreren Geschichten zu einem attraktiven Kinderthema gibt es viel Spannendes und Neues zu entdecken. Alle Geschichten sind von bekannten Autoren.

Jeder Band: Ab 7 Jahren • LeseSafari • Durchgehend farbig illustriert
72 Seiten • Gebunden • Format 15,9 x 21,1 cm • Mit Bücherbär am Lesebändchen

2./3. Klasse

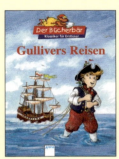
Gullivers Reisen
ISBN 978-3-401-09271-3

Das Dschungelbuch
ISBN 978-3-401-08631-6

Der Zauberer von Oz
ISBN 978-3-401-09491-5

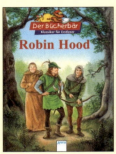
Robin Hood
ISBN 978-3-401-09188-4

Ab 7/8 Jahren

4. Lesestufe
Klassiker für Erstleser
Beliebte Kinderbücher neu erzählt

Heidi, Peter Pan und all die anderen – wer kennt sie nicht? Ihre Geschichten haben Generationen von Kindern verschlungen und sie haben bis heute nichts von ihrer Faszination eingebüßt. Nun gibt es sie neu erzählt in einfachen Texten, die richtig Lust machen aufs Selberlesen.

- Eine durchgehende Geschichte in Kapitel unterteilt
- Textbegleitende Illustrationen
- Flattersatz ohne Trennungen
- Fibelschrift

Innenseite aus „Pinocchios Abenteuer" ISBN 978-3-401-07990-5

Jeder Band: Ab 7/8 Jahren • Klassiker für Erstleser • Durchgehend farbig illustriert
72 Seiten • Gebunden • Format 15,9 x 21,1 cm • Mit Bücherbär am Lesebändchen

2./3. Klasse

Ritter Blech und das verzauberte Drachengold
ISBN 978-3-401-09431-1

Nina und die Nixe in der versunkenen Stadt
ISBN 978-3-401-09200-3

Luzi, ein Schutzengel für den Torwart
ISBN 978-3-401-08894-5

Paul und Sina in den Reiterferien
ISBN 978-3-401-08657-6

Ab 7/8 Jahren

4. Lesestufe
Bunter LeseBallon
Eine längere Geschichte für geübte Leser

Eine längere durchgehende Geschichte garantiert für geübte Leser spannendes Lesevergnügen mit attraktiven Themen.

- Eine durchgehende Geschichte in Kapitel unterteilt
- Fibelschrift
- Flattersatz ohne Trennungen
- Textbegleitende Illustrationen

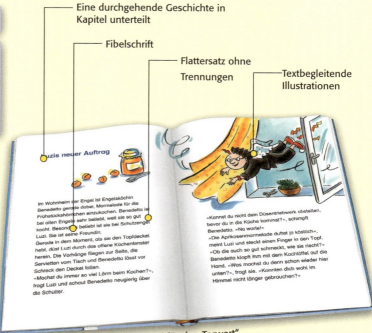

Innenseite aus „Luzi, ein Schutzengel für den Torwart"

Jeder Band: Ab 7/8 Jahren • Bunter LeseBallon • Durchgehend farbig illustriert
72 Seiten • Gebunden • Format 15,9 x 21,1 cm • Mit Bücherbär am Lesebändchen

3. Klasse

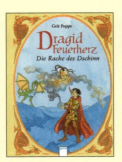

Dragid Feuerherz – Die
Rache des Dschinn
ISBN 978-3-401-09440-3

Das Kickerteam –
Treue Fans und ein
gefährliches Spiel
ISBN 978-3-401-09672-8

Siri die Montagsfee –
Die Suche nach den Zauberstiefeln
ISBN 978-3-401-09291-1

Die coolen 5 –
Graf Moroi und das
Schloss der Finsternis
ISBN 978-3-401-09699-5

Ab 8 Jahren

5. Lesestufe

Buntes Leseabenteuer
Ein erster längerer Kinderroman

So wird ein erster spannender Kinderroman zu einem bunten Leseabenteuer! Mit vielen farbigen Bildern, einer lesefreundlichen Gestaltung und umfangreichem Text gibt's hier extra starkes Lesefutter!

— Textbegleitende Illustrationen
— Lesefreundliche Schrift
— Fließtext

Innenseite aus „Dragid Feuerherz – Die Perle des Lichts" ISBN 978-3-401-09149-5

Jeder Band: Ab 8 Jahren • Buntes Leseabenteuer • Durchgehend farbig illustriert •
104 Seiten • Gebunden • Format 15,9 x 21,1 cm